KB108196

하나님의 비전
이야기

하나님의 비전 이야기

발행일　2023년 7월 14일

지은이　김성욱
펴낸이　손형국
펴낸곳　(주)북랩
편집인　선일영　　　　　　　　　　　　**편집**　정두철, 윤용민, 배진용, 김부경, 김다빈
디자인　이현수, 김민하, 김영주, 안유경　　**제작**　박기성, 구성우, 변성주, 배상진
마케팅　김회란, 박진관
출판등록　2004. 12. 1(제2012-000051호)
주소　서울특별시 금천구 가산디지털 1로 168, 우림라이온스밸리 B동 B113~114호, C동 B101호
홈페이지　www.book.co.kr
전화번호　(02)2026-5777　　　　　　　　**팩스**　(02)3159-9637

ISBN　979-11-6836-974-0 03190 (종이책)　　　979-11-6836-975-7 05190 (전자책)

잘못된 책은 구입한 곳에서 교환해드립니다.
이 책은 저작권법에 따라 보호받는 저작물이므로 무단 전재와 복제를 금합니다.
이 책은 (주)북랩이 보유한 리코 장비로 인쇄되었습니다.

(주)북랩 성공출판의 파트너

북랩 홈페이지와 패밀리 사이트에서 다양한 출판 솔루션을 만나 보세요!

홈페이지 book.co.kr　•　**블로그** blog.naver.com/essaybook　•　**출판문의** book@book.co.kr

작가 연락처 문의 ▸ ask.book.co.kr

작가 연락처는 개인정보이므로 북랩에서 알려드릴 수 없습니다.

THE VISION OF GOD

하나님의 비전
이야기

김성욱 지음

북랩

추천의 글

임마누엘 페스트라이쉬 *Emanuel Pastreich*

소속 아시아 인스티튜트 이사장
하버드대학교 대학원 언어문화학 박사
예일대학교 중어중문학 학사 졸업

이 책은 제가 집필한 저서 "인생은 속도가 아니라 방향이다"라는 책과 맥락을 같이하고 있습니다. 인생에서 키 역할을 하는 것이 비전입니다. 무엇을 위해 어떤 방향으로 나아갈지 선택하는 것은 실질적으로 우리 인생에서 매우 중요합니다. 잘못된 방향을 고집하면 아무리 노력해도 좋은 결과를 얻을 수 없습니다.

비전 이야기는 방향이 중요함을 일깨워 줍니다. 독자 여러분들이 이 책을 읽고 비전의 진정한 가치를 느끼시길 바랍니다.

아이브 비전상담센터 대표 강명금

그동안 전문 카운셀러로서 수많은 내담자들을 만나면서 알게 된 것은 그들이 가장 고민하는 문제는 거의 다수가 자신이 누구이며, 왜 사는지에 대한 고민이었습니다. 인생에서 어디에서 사느냐보다 어떻게 사느냐가 중요합니다. 이 책은 생각하지 못했던 인생의 목적에 대해서 생각해 보게 하고, 생각만 하고 실행하지 못했던 비전을 선택하여 실행할 수 있는 실제적인 방향을 제시해 줍니다. 이 책을 통해서 인생의 가치 있는 목적을 찾아서 비전을 성취하는 결과를 얻으시기를 바랍니다.

GBM 본부장 김은선 *Suna KIM*

감사하게도 일찍부터 비전에 대한 이야기를 듣고 꿈을 꾸며 자랐고, 대학 졸업 후, 사회로 나가는 대신 세계 여러 나라를 돌아다니며 여러 사람들을 만나고 많은 문화들을 경험하면서 20대를 보냈습니다. 다양한 나라에 살면서 참 다양한 사람들을 만났는데, 다른 국적, 다른 문화에 살면서도 모두가 하는 고민이 똑같다는 것이 참 흥미로웠습니다. 나이와 직업에 상관없이 모두의 관심은 "내 삶의 이유"였고, 그것에 따라 행복의 여부가 갈리는 모습을 보면서 비전의 중요성을 누구보다 잘 알게 되었습니다. 비전을 따라 세계를 다니며 열심히 살다가 결혼을 하고 두 아이의 엄마가 된 지금, 저의 비전 발견하기와 비전 이루기는 여전히 '진행 중'입니다. 칭찬은 고래도 춤추게 한다면, 비전은 나를 달리게 합니다. 꿈을 잊고 오랜 시간 눌러앉아 있다면, 이 책을 통해 새로운 비전을 발견하고, 살아가야 할 이유를 찾아 다시 한번 일어나 달리시기 바랍니다.

하나님의 비전 이야기

이 책은 당신의 인생을 바꾸어 놓을 것이다. 왜냐하면 이 책의 내용이 필자의 인생을 바꾸었고 또한 수많은 젊은이들을 바꾸어 놓았기 때문이다. 이 책은 거기에 대한 이야기들로 채워져 있다. 세상에는 수많은 종류의 다양한 종류의 책들이 있다. 이 책은 사람을 살리고 사람의 인생을 바꾸어 주는 책이다. 왜냐하면 생각을 바꾸어 주는 책이기 때문이다.

생각은 행동을 낳고 행동은 습관을 낳고 습관은 인격을 만들고 인격은 운명을 결정한다. - 윌리엄 제임스

모쪼록 이 책을 통하여 당신의 일생이 새롭게 변화되는 축복을 누리시기를 기원한다.

한국비전연구소 대표 김성욱

차례

✳

제1장 생각

제2장 정체성

제3장 비전

제4장 비전의 성취

서론

1939년 독일이 폴란드를 점령하던 시대를 배경으로 한 영화 '쉰들러 리스트'가 있습니다. 유대인들이 기차에 태워져 죽음의 길로 가는 상황에서 독일인 사업가인 '쉰들러'가 자기의 재산을 사용해 유대인들의 목숨을 구하는 감동적인 내용입니다.

기차는 철로를 따라서 달립니다. 그리고 종착점에 도착합니다. 생존의 레일 위를 달린 기차는 생명의 종착점에 도착할 것이고 죽음의 레일을 달린 기차는 죽음의 종착점에 도착할 것입니다.

하나님의 비전 이야기

죽음의 방향의 레일을 달리는 기차는 그 기차가 아무리 비싸고 겉모양이 좋아도 그 기차는 결국 죽음의 종착점에 도달하게 됩니다. 기차 안에서 카드놀이로 큰돈을 따거나 가방에서 대단한 박사 학위증을 꺼내 자랑해도 죽음의 상황은 전혀 바뀌지 않습니다. 유일하게 살 수 있는 길은 생명의 레일로 바꿔 타는 것입니다.

생각은 기차의 레일과 같습니다. 기차는 사람의 삶입니다. 기차가 레일을 따라가듯이 사람은 생각을 따라갑니다. 기차는 한 번 레일을 타면 종착점까지 갑니다. 그 길이 행복의 길이든 강제 수용소로 가는 길이든 한 번 출발하면 종착점은 바뀌지 않습니다. 가는 도중에 중간 정차역에서 기차의 색을 바꾸고 기차를 금은으로 장식을 하면 사람들의 인기와 부러움을 살지는 몰라도 종착점은 절대 바뀌지 않습니다. 종착점을 바꾸는 방법은 한 가지밖에 없습니다. 레일을 바꾸어 타는 것입니다.

즉, 생각을 바꾸는 것입니다. 생각은 저절로 바뀌지 않기 때문에 많은 노력을 필요로 합니다. 훈련과 인내가 따릅니다. 그러나 그 열매는 엄청납니다. 인생이 완전히 바뀌는 놀라운 결과를 얻게 됩니다.

사람은 자기 생각 이상의 존재가 될 수 없습니다. 따라서 지금보다 나은 사람이 되고 싶거나 보다 나은 인생이 되고 싶다면 먼저 생각을 바꾸어야 합니다. 생각을 바꾸지 않으면 어떤 노력을 해도 아무리 시간이 흘러도 삶은 전혀 변하지 않는다는 것을 알아야 합니다.

> 생각은 행동을 낳고 행동은 습관을 낳고 습관은 인격을 만들고 인격은 운명을 결정한다. - 윌리엄 제임스[1]

사람의 생각은 말과 행동을 하게 합니다.

그리고 그 행동이 쌓여 인격을 만들고 그 인격이 그 사람의 운명을 결정하게 되는 것입니다. 항상 생각이 먼저 있고 다음으로 행동이 따릅니다. 사람에게 이 순서는 바뀌지 않습니다.

---

1 윌리엄 제임스(1842~1910): 미국의 철학자·심리학자. 19~20세기 실용주의 철학 운동과 기능주의 심리학 운동을 주도했다. 하버드대학교에서 의학을 전공했고 1872년 30세의 나이로 생리학 교수가 되었으며, 1875년 심리학을 맡아 미국 최초로 실험적 심리학 연구소를 개설했다.

하나님의 비전 이야기

***

본론에 들어가기 전에 한 가지 질문을 하겠습니다. 역사에서 왕이나 수상이나 지도자들이 어떻게 나라를 지배하고 또 국가를 이끌게 되었습니까? 힘이 세서 싸움을 잘해서입니까, 돈이 많아서 입니까? 아니면 인터넷을 잘해서 그런 위치에 있게 된 것입니까? 아닙니다.

그들의 생각이 다른 사람들보다 남달랐고, 뛰어났던 것입니다.

사람에게 중대한 영향을 주는 세 가지가 있습니다. 생각과 정체성과 비전입니다.

이 세 가지는 마치 나무의 뿌리와 기둥과 가지처럼 뗄 수 없는 중요한 것입니다.

먼저 나무의 뿌리와 같은 생각에 대해서 이야기를 시작하겠습니다.

제1장

생각

♪ 인생은 나그네길 어디서 왔다가 어디로 가는가 구름이 흘러가듯 떠돌다 가는 길에 정일랑 두지 말자 미련일랑 두지 말자 인생은 나그네길 구름이 흘러가듯 정처 없이 흘러서 간다 ♪

오래전 이 노래로 대한민국을 떠들썩하게 했던 서울대 출신의 최희준 가수가 세상을 떠난 지도 몇 년이 되었습니다. 방송인 송해 씨와 가수 현미 씨도 얼마 전에 떠났으며 방송인 서세원 씨가 또 떠났습니다. 노래 가사처럼 인생은 나그네길입니다.

이탈리아에 있는 밀라노 대성당을 들어가는 세 가지 문이 있는데, 첫 번째 문은 "모든 즐거움은 잠깐이다."라는 글귀

하나님의 비전 이야기

가 써 있고, 두 번째 문
에는 "모든 고통도 잠깐
이다."라는 글이 새겨져
있으며, 세 번째 문에는
"영원한 것은 무엇보다
소중하다."라고 쓰어 있
다고 합니다.

그리고 이 문을 통과한 사람들에게 생각의 전환점을 이루
어 주는 계기가 되게 한다고 합니다.

이 세상은 잠깐 거쳐 가는 길입니다.

외국의 어느 대학교에 유명한 철학 교수가 하루는 잘 아
는 학생이 뛰어가는 것을 보고 불러서 물었습니다. "자네 지
금 어디로 그렇게 바쁘게 뛰어가는가, 이번에 졸업반이지.
전 장학생으로 공부를 한 것으로 아는데 졸업 후에는 계획
이 어떻게 되나?", "예, 교수님, 저는 졸업하면 대기업 과장
으로 입사를 하게 되었습니다.", "축하하네, 그다음에는 어떤
계획이 있는가?", "예, 그다음에는 그 회사 회장 따님과 결혼
을 하게 됩니다.", "참, 축하할 일이군. 그다음에는 어떻게 되
나?", "예, 그다음에는 그 회사를 이어받게 될 것입니다.", "그

래, 대단하구먼. 그다음에는?" 그다음에는 자식을 몇 명을 낳을 것이고 그 자식들을 어떻게 키울 것이고 이렇게 이야기를 다 하고 나니 더 이상 이야기할 것이 없게 되었는데, 교수가 다시 물었습니다. "그다음에는?" 그러자 지금까지 신나게 자랑하며 이야기를 하던 학생이 풀이 죽어 "그다음에는 죽을 것입니다."라고 하자 철학 교수가 말했습니다. "그렇다면 자네는 지금 죽으러 열심히 뛰어다니는 것이구먼."

사람은 누구나 죽습니다. 왕도, 천민도, 재벌도, 가난한 자도, 유식한 자도, 무식한 자도, 동서양의 남녀노소 누구나 죽게 됩니다. 살아 있는 지금이 기회입니다.

사람은 누구나 세 가지 과정을 겪습니다.
태어나기 전 어머니의 뱃속에서의 시간과 그리고 태어나서 사는 일생의 시간과 죽음 이후의 영원한 시간입니다. 어머니의 태에서 태어나는 시간까지는 누구나 똑같으며, 또한 자신의 의지와는 전혀 관계가 없습니다. 그러나 태어나서 살게 되는 한 평생의 시간은 다릅니다. 먹고 마시고 자고 일하고 생각하고 말하고 행동하는 모든 것이 자유의지에 따라서 자기가 선택하게 되는 삶이고, 그 선택에 따라 이 세상의 행복과 불행은 물론 사후의 영원한 갈림길이 결정이 되는 것입니다. 그런 의미에서 이 세상에 사는 인생은 엄중한 책임이 따르는 것입니다.

이야기를 계속하겠습니다.

역사를 보면 알렉산더 대왕이나 유명한 위인들은 철학자들이나 지혜자들을 존경하고 그들의 말을 경청하고 조언을 받았습니다. 알렉산더는 유명한 철학자 아리스토텔레스를 스승으로 모시고 그의 지도를 받았습니다.

왕들은 힘과 무기를 가졌으나 그 힘이 나갈 방향과 방법을 철학자들이 제시함으로 왕들에게 큰 도움을 주었던 것입니다. 철학자들은 다른 말로 하면 생각하는 사람을 가리킵니다. 생각을 깊이 하고 많이 하는 훈련이 된 사람들이 철학자들입니다. 철학은 모든 면에 필요합니다.

사업에 성공해서 막대한 돈을 벌었어도 인생을 실패하고 불행하게 사는 이유가 바로 철학이 없기 때문입니다. 개인의 능력과 수단으로 돈을 버는 데는 성공했지만 돈을 쓰는 방법과 올바른 목적을 가르쳐 주는 철학이 없기에 망하는 것입니다. 비전이 없는 국가나 개인은 망한다는 말의 의미가 바로 그런 것입니다.

기업가는 기업 철학이 있어야 성공하고 삶에 철학이 있는 사람이 쉽게 흔들리지 않고 인생을 성공적으로 살아갑니다. 철학이 없는 성공은 쉽게 무너지는 것을 우리는 역사 속에서 얼마든지 보게 됩니다.

홍콩 최고의 부자이자 아시아 최대 재벌 중 한 사람인 리카싱은 사업적 재능과 정직한 상인 정신, 무엇보다 훌륭한 인품으로 많은 사람들에게 존경받는 사람입니다.

그에 관한 일화가 있는데, 돈에 대한 그의 철학을 엿볼 수 있습니다. 리카싱이 어느 날, 자동차 열쇠를 찾다가 2홍콩 달러짜리 동전이 차 밑으로 굴러 들어갔습니다. 이때 옆에 있던 한 직원이 몸을 구부려 동전을 주워 줬는데, 리카싱은 이 동전을 받은 후에 그에게 100홍콩 달러의 사례비를 주었습니다. 사람들은 아주 작은 돈에 대해 큰 사례를 한 리카싱을 이해할 수 없었지만, 리카싱은 "만약 이 동전을 줍지 않았다면 그것은 하수구로 굴러떨어져 곧 세상에서 사라지게 될 것이다. 그러나 그 돈을 주웠기 때문에 낭비되지 않았으며, 직원에게 준 사례비는 유용하게 쓰일 것이다. 나는 돈은 사용되어야지 낭비해서는 안 된다고 생각한다."라고 말했다고 합니다. 보통 사람들의 돈에 대한 생각과는 전혀 다른 개념입니다. 돈에 대한 철학이 있는 것을 볼 수 있습니다.

하나님의 비전 이야기

여기 유명한 한 철학자의 말에 귀를 기울여 봅시다.

"인간은 생각하는 갈대이다." 프랑스의 철학자 파스칼[2]의 말입니다. 파스칼이 400여 년 전에 한 이 말은 오늘날까지 우리들에게 큰 영향을 주고 있습니다.

하나님께서 최초의 사람 아담에게 주신 최고의 선물은 무엇일까요? 지상 낙원인 에덴동산에 사람을 만드신 하나님은 사람에게 좋은 것들을 다 주셨습니다. 건강하고 아름다운 육체도 주셨습니다. 그리고 하나님의 형상인 지성, 감정, 의지를 주셨습니다. 생각하는 능력을 주셨습니다.

동물은 미래나 내세를 생각하지 못합니다.

세상의 모든 동물들이 인간의 지배를 받고 사는 이유가 무엇일까요? 사람은 사자나 호랑이 같은 맹수들에 비하면 갈대와 같이 약합니다. 그런데 맹수들이 사람의 지배에 있습니다. 왜입니까? 사람은 생각하는 존재이기 때문입니다. 생각은 인간과 동물을 가장 확실하게 구분짓는 기준입니다. 인간과 동물의 차이는 생각의 차이입니다.

사람은 생각하고 동물은 행동부터 합니다. 예를 들면 동

---

2 블레즈 파스칼(Blaise Pascal, 1623~1662)은 프랑스의 수학자이며 철학자이다. (1623년~1662년) 주요 저서는 팡세, 시골 친구에게 보내는 편지 등이 있다.

물들은 덫에 걸린 후에 후회합니다. 그리고 잡혀 죽거나 팔려 갑니다.

사람은 생각을 하기 때문에 덫에 걸리지 않습니다. 동물들도 생각을 하지만 동물들의 생각은 그 깊이나 미래를 바라보는 사람의 생각과는 비교가 안 됩니다. 그리고 동물들은 하늘의 것은 절대 생각을 못 합니다.

그러나 사람은 이 세상의 생각을 넘어 하늘의 것을 생각하고 신적인 생각을 합니다. 그리고 신적인 위대한 일을 함으로 세상에 위대한 영향을 끼칩니다.

생각을 많이 할수록 사람답게 살게 되고, 생각을 적게 할수록 동물과 같이 살게 됩니다. 같은 사람도 생각을 얼마나 하느냐에 따라 신적인 모습을 나타내거나 아니면 동물 같은 행동을 합니다. 사고 치는 사람들의 공통적인 특징이 생각보다는 감정에 의해 행동한다는 것입니다.

세상에는 반쪽짜리 성공(돈, 인기, 학위, 권력을 얻었으나 불행)에 취해 사는 사람들로 넘쳐납니다. 생각하는 사람만이 균형 있는 삶을 살고 제대로 된 온전한 성공(본인도 타인도 모두 행복)을 하게 됩니다.

삶의 수준과 질은 생각에 달려 있습니다.

하나님의 비전 이야기

하나님은 생각하시는 분입니다. 항상 먼저 생각하시고 일을 하셨습니다. 지금도 생각하시고 일을 하십니다. 하나님은 단 한 번도 생각 없이 감정으로 행하신 적이 없습니다. 심지어 분노하시고 심판을 하실 때도 생각하시고 하셨습니다.

영원 전부터 앞으로 영원한 끝까지 이 원칙은 전혀 바뀌지 않을 것입니다. 하나님은 생각하시는 분이고 따라서 생각은 하나님의 놀라우신 특성 가운데 하나입니다.

원시 구석기 시대에서 우주를 나는 현대의 이르기까지 과학은 눈부신 발전을 했으며 특별히 AI 인터넷의 발달로 먹고 마시고 잠자고 하는 것은 물론 농사와 축산 등 모든 생활이 인터넷의 활용으로 이전에는 상상할 수 없는 혜택을 누리고, 인터넷으로 건강 관리도 철저히 해서 100세 시대를 보고 있으며 곧 120세 시대를 바라보며 눈앞에 유토피아를 꿈꾸고 기대감에 부풀어 있습니다.

최근에 빌 게이츠가 쓴 〈생각의 속도〉라는 책을 두고 일부 과학자들이 생각의 속도는 빛의 속도를 못 따라온다는 주장을 했습니다. 생각이 얼마나 놀라운지 잘 모르기 때문입니다.

비전을 연구하는 필자는 생각의 위대함을 조금 알고 있기에 빛의 속도가 생각의 속도를 앞선다는 일부 과학자들의 주장에 쓴 미소를 짓게 됩니다. 앞으로 생각이 왜 중요한지, 생각이 무엇인지, 생각을 어떻게 바꾸는 것인지를 이야기하겠습니다.

1. 생각이 왜 중요한가?

첫째, 생각이 중요한 이유는 순서 때문입니다. 순서가 중요합니다. 1이 있고 2가 있습니다. 2는 절대 1을 앞설 수 없습니다.

모든 일은 항상 생각이 먼저고 그다음 행동이 뒤따릅니다. 행동은 생각을 따라 나오고 생각을 따릅니다. 그러므로 아무리 행동을 고치고 바꾸어도 소용이 없는 것입니다. 생각은 언제나 앞서 있으며, 앞서갑니다.

순서는 이처럼 중요하고 마음대로 바꾸지 못합니다. 생각이 먼저입니까, 인터넷이 먼저입니까? 생각이 먼저입니다. 생각에서 인터넷이 나온 것이지 인터넷에서 생각이 나온 것이 아닙니다.

과학은 발전하면서 사람들에게 편리함을 주는 대신 새로운 문제를 만들어 냅니다.

컴퓨터의 문제로 일어난 재앙이 있습니다.

1986년 4월 26일 1시 24분(모스크바 기준 시간)에 우크라이나 소비에트 사회주의 공화국의 체르노빌 원자력 발전소에

서 발생한 폭발에 의한 방사능이 유출된 이 사고로 발전소에서 유출된 방사성 강하물이 우크라이나 소비에트 사회주의 공화국과 벨로루시 소비에트 사회주의 공화국, 러시아 소비에트 연방 사회주의 공화국 등에 떨어져 심각한 방사능 오염을 초래했다. 사고 후 소련 정부의 대응 지연에 따라 피해가 광범위화되어 최악의 원자력 사고가 되었다. UN이 지난 2005년 체르노빌 포럼에서 발표한 보고서의 내용이다. 당시 포럼에는 국제원자력기구(IAEA), 세계보건기구(WHO), 주요 3개 피해국(우크라이나, 러시아, 벨라루스) 정부 등이 참가했다. 이 보고서에 따르면 사고로 인한 직접적 사망자는 56명, 암 등으로 인한 추가 사망자는 4,000명에 이를 것으로 추산됐다. 그러나 이듬해 세계보건기구는 암 발병으로 인한 사망자가 9,000명을 넘을 수 있다고 주장했다. 세계보건기구는 사고 당시 주변의 주민 중에 갑상선 암에 걸린 사람이 5,000명에 이르며 새로운 암 환자가 향후 수십 년 동안 계속 늘어날 것이라고 예측했습니다.

이 사고의 원인은 자동 제어 장치의 결함이 대형 사고로

하나님의 비전 이야기

이어진 것입니다.

인터넷은 생각의 시녀이지 생각의 주인이 아닙니다. 인터넷으로 인공 지능을 만들고 통제한다는 발상이나 시도가 위험하고 무서운 재앙을 불러올 수도 있다는 사실을 염두에 둬야 합니다.

인터넷에 대한 지나친 맹신을 조심해야 합니다.

생각이 항상 우선입니다. 생각에서 인터넷이 나온 것임을 잊지 말기 바랍니다.

두 번째로 생각이 놀라운 것은 생각의 속도 때문입니다.

현재 인류는 IT 경쟁으로 속도전에 불이 붙었습니다. 누가 빨리 정보를 선점하느냐 누가 빨리 인터넷 개발에 앞서느냐가 최고의 관심사가 되었습니다.

그동안 3대에 걸쳐 이룬 한국 부동의 재벌 1위였던 삼성의 총수의 재산을 앞지른 재벌이 나왔습니다. 인터넷 속도전에서 선두가 된 것입니다.

아까 일부 과학자들이 생각의 속도는 빛의 속도를 따르지 못한다고 주장했다고 했는데 거기에 대해서 이야기하겠습니다.

첫째, 우선 빛과 생각의 속도는 비교의 대상이 아닙니다. 그 이유는 생각과 빛은 차원이 다르기 때문입니다. 또 한 가지는 생각의 개념과 이해도가 다르기 때문입니다.

가상 대화를 상상해 보겠습니다.

하루살이: 내 평생 그런 일은 들어 본 적이 없어.

메뚜기: 하루살이, 네가 어떻게 한 해를 알 수 있겠냐? 적어도 몇 달 혹은 일 년을 살아 봐야 그런 차원을 알 수 있는 거야. 그러니 너무 고집부리지 말고 내 말에 귀를 기울여.

사람: 너희들이 말하고 생각하는 평생과 우리가 말하는 평생은 개념이 달라. 그래서 너희들이 이해를 못 하는 거야.

이처럼 생각의 원개념을 이해하지 못하면 대화를 할 수 없는 것입니다.

그래서 생각을 모르는 일부 과학자들의 생각의 속도가 빛의 속도를 못 따라간다는 주장이 맞지 않는 것입니다. 마치 150년 전에 라이트 형제가 하늘을 날겠다고 했을 때 사람들이 이해하지 못하고 비난했던 것처럼 말입니다.

이처럼 생각의 개념을 모르는 사람들이 빛과 생각의 속도를 비교하는 것 자체가 무리인 것입니다.

둘째, 최고의 속도를 광속도(빛의 속도)라고 합니다. 빛이 일 초에 지구를 일곱 바퀴 반을 돈다고 합니다. 그러나 생각은 지구의 수백만 배 거리를 순식간에 갔다 옵니다. 미국도 남아프리카도 순간 갔다 올 수 있을 뿐만 아니라 심지어는 우주의 최고 상층도 찰나에 다녀옵니다. 빛의 속도로 간다면 수십만 년이 걸려도 갈 수 없는 하늘의 최상층을 순간 다녀온다는 것은 믿기지 않는 사실이지만 실제로 존경받는 과학자 의학자들의 생생한 기록들이 있습니다.

생각은 과거는 물론 미래도 갔다 옵니다.

1877년에 라이트 형제가 사람이 하늘을 날 수 있다는 생각을 가지고 비행기를 만들었는데, 26년 후인 2003년에 최초로 비행기가 하늘을 날았습니다. 그들의 생각은 26년을 미리 앞서가 있었던 것입니다.

필자가 전에 그랜드 캐니언을 갔다 온 일이 있는데, 그동안 여기 한국에 있으면서 생각으로 여러 번 갔다 왔습니다. 생각으로 한 번 갔다 오는 데 0.1초도 안 걸립니다. 달을 탐험한 우주인들이 지구에서 갔다 온 달의 착륙 장소를 생각으로 갔다 오는 시간이 얼마나 걸릴 것 같습니까? 역시 0.1초도 안 걸립니다. 조금 이해가 되십니까? 달이 아니라 달보다 수백만 배 이상의 최상층도 생각은 잠깐이면 다녀옵니다.

생각이 가는 속도나 거리는 생각하는 사람에 따라 차이가
나지만 단, 그 속도나 거리는 한계가 없습니다. 본인이 여기
까지라고 생각하는 그 지점이 한계입니다.

사람이 하루에 3만에서 7만 가지 생각을 한다고 합니다.
그 생각을 선별하고 조합하여 실생활에 얼마나 빨리 적용하
느냐가 삶에 큰 영향을 끼치게 됩니다.

앞으로 세상은 이러한 속도가 탁월한 사람이 선도하게 될
것입니다.

세 번째로 생각이 중요한 이유는 영향력 때문입니다.
참고로 2023 미경제전문지 포브스가 선정한 내용이 흥미
롭습니다.

특별 순위 빈 살만	2조$ 2,688조
1. 루이비통, 베르나르 아르노	2,137억$ 275조
2. 테슬라, 일론 머스크	1,370억$ 137조
3. 아마존, 제프 베이조스	1,232억$ 123조
4. 오라클, 래리 엘리슨	1,113억$ 111조
5. 버크셔 해서웨이, 워렌 버핏	1,074억$ 107조

하나님의 비전 이야기

6. 마이크로소프트, 빌 게이츠   877억$ 87조
7. 구글, 래리 페이지   861억$ 86조

　IT 관계 사업가들을 뛰어넘은 사업가들은 이외로 패션 업계, 출판업 혹은 주식 전문가들이고 특별 순위인 빈살만은 1985년생으로 약관 38세의 나이로 현 세계 1위입니다. 전 세계 10대 재벌의 재산을 합친 것보다도 그의 재산이 더 많습니다. 그 내용을 정확히 모르겠으나 필자의 추측으로는 그가 IT 개발로 재산을 번 것 같지는 않고 그의 생각으로 이룬 것이 아닌가 생각합니다.

　한 번 냉정하게 객관적으로 이야기해 봅시다. 생각이 인터넷을 만들었습니까? 인터넷이 생각을 만들었습니까? 생각이 만들었습니다. 만듦을 당한 존재가 만든 주체를 절대 능가할 수 없습니다.

　생각에서 인터넷이 나왔습니다. 인터넷에서 생각이 나온 것이 아닙니다. 간단하지 않습니까? 만든 존재가 우월하겠습니까, 아니면 만듦을 당한 존재가 우월하겠습니까, 인터넷은 결국 생각의 시녀이고 그 이상을 절대 넘지 못합니다. 속도전은 결국 생각의 속도로 결정이 날 것입니다.

　생각의 위대한 능력은 이제 시작도 못 했습니다.

다음의 이야기는 한중 수교(1992년) 이전인 1980년대 초에 있었던 에피소드입니다. 중국에 선교를 하러 가던 목사님이 비행기에서 전도한 한국인 사업가의 홍콩 집에 머물면서 중국 비자를 기다리게 되었습니다.

목사님이 보니까 사업가가 무슨 선물 거래(futures)[장래 일정 시점에 미리 정한 가격으로 매매할 것을 현재 시점에서 약정하는 거래로, 미래의 가치를 사고 파는 것]라는 큰 사업을 하고 있었는데 쉴 새 없이 전화가 오고 아주 바빠서 정신이 없었습니다. 다음은 그 목사님의 증언입니다.

목사님이 물었습니다. "선생님 바쁜데 딱 하나만 물어봅시다.", "뭡니까?", "그동안 돈을 얼마나 벌었길래 그렇게도 바쁩니까?", "아, 그게 1억 불까지 벌려고 그랬는데 그게 안 되고…" 뭐 어쩌고 그래요. "아, 그러면 일생 돈 버는 소망이 1억 불입니까?", "아, 1억 불이면 성공이죠." 그 당시 80년대 초니깐 큰돈인 것 같아요. 내가 큰돈인지 아닌지 잘 모르지만, 제가 그랬죠. "제가 한 백억 불 벌 수 있는 아이디어가 있는데 혹시 알고 싶습니까?", "아, 그래요. 목사님이 거짓말하겠습니까?", "거짓말 안 합니다." 갑자기 비서한테 전화를 걸더니 모든 약속을 취소하라는 거예요. 딱 끊고 "들읍시다." 그래요. 그리고 서재로 간 거예요. 가서 성경책을 꺼내니까는 "또 그겁니까?", "그거라고?" 그때 제가 그분한테 직

하나님의 비전 이야기

설적으로 물었습니다. "자, 자꾸 '그겁니까' 그러는데 나 하나 물어봅시다. 지금 이 세상에서, 80년대 현재, 세계에서 돈 제일 많이 가지고 있는 사람이 누구인지 아십니까?" 여러분, 그때 80년대뿐이 아닙니다. 90년대 지금도 그래요. 지금 현재 세계에서, 월 스트리트든지, 동경이든지, 싱가포르든 어디든지 간에, 돈 제일 많이 가진 사람이 누군지 알아요? 유대인입니다. 세계 금융 시장의 70-80%를 쥐고 있습니다. 이상하지 않아요? 유대인 인구가 6백만도 안 되는데 세계에 (흩어진) 사람 다 합치면 천만도 넘을까 말까 하는데, 55억 인구가 있는데 그중의 80%의 돈을 쥐고 있다면 뭔가 돈 잘 버는 비결이 있지 않겠어요? 그게 뭔지 압니까? 바로 구약 성경입니다. 그 히브리 성경이에요. 여러분 이 히브리 성경 안에는요, 이 세상에서 잘 살 수 있는 비결이 다 나와 있습니다. 번성하고 번영하는 방법이 다 나와 있어요. 성공하는 비결이 다 나와 있습니다. 그게 구약입니다. 이 세상에서 잘사는 비결. 신약은 뭔지 압니까? 신약은 구약에서 번 돈을, 물질을 얼마나 선하게 쓰느냐, 쓰는 방법이 나와 있는 겁니다. 그게 신구약의 차이예요. 이 사람이 가만 보니깐 유대인이 홍콩서도 금융권을 쥐고 있거든요. 파리 금융 시장, 런던 금융 시장, 다 그렇거든요. "아, 그 말 맞네요.", "바로 여기에 있다고. 당신이 백억 불 이상 천억 불이라도 벌 수 있는 비결이 여기에 있다고. 들으려면 듣고 말려면 마시오." 그랬더니 듣겠다는 거예요.

그래서 일주일을 그 안에서 비자 나올 때까지 성경 공부를 시작한 겁니다. 하나님께서는 공짜가 없더라구요. 그 집에서 공짜로 밥 먹여 주니까 복음 전하게 하는 겁니다. 성경을 가져다 놓고는 히브리 말로 하면서, 히브리 말로 하니깐 또 재미있거든. 근데 그 일주일 사이에 난리가 난 겁니다. 이 사람이 무슨 거래를 하는데 자신은 자신 있게 무슨 물건을 사 뒀다가 파는 건데, 선물 거래가 뭔지 모르는 이상한 용어입디다, 그걸 했는데 그게 값이 내려가는 거예요. 그러니깐 벌써 50%가 내려갔는데, 이걸 50%라도 건지려면 팔아야겠습니다, 하고 밑에서 연락이 오는 거예요. 이 사람이 고민이 생긴 거예요. 그러면서 저보고 그래요. "목사님, 사실은 내가 이 사업상의 문제는 절대로 내 아내하고도 이야기 안 하는데, 내가 딱 판단하는데 이건 좀 곤란합니다. 목사님한테 자문 좀 얻으려 하는데 되겠습니까?", "아, 뭐든지 이야기하십시오. 뭡니까?", "아, 이게 사건이 이렇게 되어서 50%가 내려갔는데 이걸 제가 팔아 취해야 할지, 그럼 50%를 건지고 50%를 손해 보는데 어떻게 해야 할지 지금 고민입니다." 그래서 저는 단순하게 이야기했죠. "보시오. 사업이란 것은 밑지만 안 되지 않소. 남아야지 밑지면 되겠습니까? 팔

하나님의 비전 이야기

지 마십시오." 그러니까 "아, 그 말 맞습니다." 그러고서는 안 팔았네. 오후가 되니까 30%로 뚝 떨어져 버렸어요. 20%가 또 날아가 버린 것입니다. 그러니깐 그쪽에서 또 팔자는 거예요. 또 나한테 한 번 더 물어요. "아, 밑져서는 안 됩니다. 장사는 밑지는 게 아닙니다. 남아야 합니다. 남을 때 팔아야지 왜 밑질 때 팝니까?" 나는 그냥 원칙대로 생각한 거죠. 그다음 날 되니까 이게 10%까지 내려간 거예요. 90%가 날아 간 거예요. 그러더니 이 사람이 "목사님 말씀 믿겠습니다" 하고 놔둔 거예요. 그다음 날 되더니 갑자기 50%가 뛰는 거예요. 그래 이 사람이 이상하거든요. "지금 팔까요? 그러면 50%는 건지는데.", "아, 밑지면 안 되지 않습니까?" 그랬더니 그다음에 100% 뛰는 거예요.

'야, 이거 됐다' 싶은 거예요. "지금 팔까요?", "그러면 뭐가 됩니까?", "본전입니다.", "그러면 안 되지요. 남아야지요." 이게 또 30%로 뛰었어요. "지금 팔까요?", "그래도 장사는 배는 남아야지요." 근데 고 며칠 있으니까 200%로 뛰었어요. 그때 이 사람이 욕심이 생긴 거예요. "아이고, 안 팝니다." 자기는 또 오를 것 같거든. 그때 제가 제동 걸었죠. "그 정도로 끝내야지 욕심내면 안 됩니다." 팔았어요. 딱 파니까 고다음날 뚝 떨어지데. 세상에. 이 사람이 묻기를, "목사님, 그비결이 어디에 있습니까?", "바로 이거예요. 성경."

이런 일은 IT로 할 수 없습니다. 생각의 힘으로 가능하며, 생각은 성경에서 그 원리를 얻을 수 있는 것입니다.

이 이야기는 당사자 목사님이 직접 한 것입니다. 성경이 비즈니스 책은 아니지만 사업의 원리를 가르치고 있기 때문에 많은 사업가들, 특히 유대인들이 성경의 원리를 알고 사업에 적용하여 크게 성공을 하고 있는 것입니다.

현대그룹 창설자인 정주영 회장은 학벌이 없는 분입니다. 그러나 그는 여러 명의 박사들을 진두지휘하며 회사를 이끌었는데. 유명한 일화 가운데 하나가 바로 서산 간척지의 유조선 공법입니다.

1980년 초 정 회장은 바다를 메워 농지를 만드는 대규모 간척 사업에 돌입했는데 서산 앞바다는 조수간만의 차가 너무 커 20만 톤 이상의 돌을 구입해 매립해야만 물막이가 가능한 곳이었습니다. 공사는 시간적으로나 경제 타당성으로나 공사가 어렵다고 모두 생각했습니다. 공학박사들의 머리로도 일이 어렵다고 판단했습니다. 이때 정 회장은 공사비 절감과 공기 단축 방안을 강구하다 대형 유조선으로 조수를 막으면 바윗덩어리 외에도 흙과 버럭 등 현장 근처에서 쉽게 구할 수 있는 재료로도 물막이를 할 수 있다는 기상천외

하나님의 비전 이야기

한 아이디어를 내었고 "간척지 최종 물막이 공사는 인력으로는 감당하기 어려운 공사이며 설사 인력으로 한다고 하더라도 그 엄청난 비용이 문제"라며 밀물과 썰물 때의 빠른 물살을 막기 위해 폐유조선을 바다에 밀어넣어 물의 흐름을 차단하여 공사를 완성할 수 있었습니다. 이 공법 덕분에 현대건설은 계획 공기 45개월을 35개월이나 단축, 9개월 만에 완공시켜 총공사비를 280억 원이나 절감했으며, 이 사건은 이후 뉴스위크와 뉴욕타임즈에 소개되기도 했습니다. 그래서 이 '유조선 공법'을 '정주영 공법'이라고도 부른다고 합니다.

부연 설명을 하자면 현대그룹의 최신형 컴퓨터가 있고, 그 컴퓨터를 움직이는 박사들이 있으며, 그 박사들은 정주영 회장의 생각대로 움직인 것입니다. 최상위 그룹에는 생각이 있다는 것입니다.

세계 최대의 사막인 사하라의 리비아 대수로 공사는 기간만 약 30여 년 이상이 소요될 것으로 예상되는 세계 8대 불가사의[3] 중 하나로 불립니다. 1984년에 착공된 이 공사는 모

---

3 기존 세계 7대 불가사의: ① 기자의 피라미드 ② 바빌론의 공중 정원 ③ 올림피아의 제우스 ④ 에페소스의 아르테미스 신전 ⑤ 할리카르나소스의 마우솔레움 ⑥ 로도스의 거상 ⑦ 파로스 섬의 등대

두 5단계로 나눠 진행되는데, 남부 사막 지역인 타저보 수원지에서 벵가지 지역까지 1,874㎞ 수로를 연결하는 1단계와 자발 하소노 수원지에서 트리폴리 지역을 연결하는 1,730㎞의 2단계 공사는 '본선' 격으로 완공됐는데, 이 공사가 완공됨으로 지중해 연안의 주요 도시 전역에 물이 공급되면서 리비아는 엄청난 변화가 일게 되었습니다. 불모의 땅이 곡창지대로 탈바꿈하는가 하면 사막이 초원으로 바뀌고, 뿐만 아니라 리비아의 경제 사회 문화에도 큰 영향을 끼치게 되었습니다. 불가능할 것만 같았던 리비아인의 '녹색의 꿈'을 한국인이 실현시켜 준 것입니다.

그 후 리비아 정부로부터 요청받은 타루나 -제프라 구간 24km에 119만 톤의 물을 공급하는 수로 공사는 조건이 10개월 만에 해야만 하는 것이었는데 공사 구간은 험한 산악지대고 우기와(1, 2월) 모래바람이(3, 4월) 부는 공사 기간도 문제인데다 또한 20여 년이 지난 노후 장비와 1,000,000km 이상을 뛴 송수관 수송 차량으로는 공사를 제때, 해내는 것은 거의 불가능한 상황이었습니다. 하지만 본부장을 중심으로 한 3,500여 명의 비전의 한국팀은 공사를 기적같이 해냈습니다. 그들은 거친 모래바람과 50도를 넘나드는 더위와 싸우며 타루나-제프라 구간 24km에 119만 톤의 물을 공급하는 데 성공하여 인류 역사에 새 이정표를 만들었습니다.

공사 기간 중 자재 운
반 화물선의 화재로 공
사 기간이 1개월 이상
지연되고 우기에 쏟아
진 폭우와 조난 사고와
도로의 침수로 그야말로 최악의 악조건을 이겨 내고, 결국
세계 역사에 8대 불가사의라는 새 역사를 창소해 낸 것입니
다. 할 수 있다는 생각이 이런 놀라운 결과를 낸 것입니다.
생각의 힘의 위대함입니다.

결국 과학은 사람이 하는 것이고. 사람의 생각이 하는 것
입니다.
아무리 상상할 수 없는 과학의 진보가 계속된다 해도 과
학은 생각을 능가할 수 없다고 했습니다.

러시아의 피터 대제에 관한 재미있는 일화가 있습니다. 피
터 대제가 하루는 평복을 입고 민정 시찰을 나갔는데 시장
거리에서 군인 장교가 술을 먹고 행패를 부리고 있었습니
다. 사람들이 무서워 그의 행패를 당하고만 있었는데 피터
대제가 그에게 다가가 점잖게 타일렀습니다. "장교 양반, 너
무 심한 것 아니요?" 그러자 술 취한 장교가 "뭐라고? 이 중

늙은이가 내가 누군지 알아? 나는 러시아 육군 장교야 대위라고!" 하고 말했습니다.

그러자 피터 대제가 빙그레 웃으면서 "아, 그래요. 나도 군대와 관계가 있는 사람인데." 그러자 술 취한 대위가 빈정거리면서 말했습니다. "뭐야! 그럼 나이를 보니 상사로 전역했나. 나는 육군 대위란 말이다." 다시 피터 대제가 말합니다. "그보다는 위지." 그러자 대위가 피식 웃으며 "그럼 소위였겠군." 대화가 이어졌습니다. "그보다 위지.", "그럼 중위?", "그보다 더 위지.", "그러면 나와 같은 대위였나?", "그보다 위지.", "그러면 소령이셨습니까?", "그보다 훨씬 위지." 그러자 술 취한 대위가 부동 자세를 취하면서 "아니, 그러면 연대장 대령이셨습니까?"라고 말했습니다. 피터 대제는 웃으면서 "그보다 위지."라고 하자 술이 다 깬 대위가 사색이 되어 다시 "그럼 장군님이셨습니까?", "그보다 더 위지." 이제 정신이 나간 대위가 힘을 다해 말했습니다. "그럼 총사령관이십니까?", "그보다 위지." 그 말을 들은 대위는 까무러쳤습니다. 그때서야 그 사람이 피터 대제인 줄 알았던 것입니다.

(피터 대제) 표트르 1세는 러시아 역사상 가장 뛰어난 통치자이자 개혁자이다. (1672년 6월 9일~1725년 2월 8일)

생각은 언제나 그 위에 있습니다. 과학 위에 생각이 있고

하나님의 비전 이야기

생각이 과학을 움직입니다. 그러므로 생각을 지배하는 자가 세상을 지배할 것입니다.

우리에게는 크게 넓게 높게 그리고 길게 보는 안목이 있어야 하며 그런 생각의 훈련이 꼭 필요합니다.

무려 천년 이상의 역사를 이어온 제국을 약관 20여 세의 청년이 무너뜨린 사건이 있습니다.

1,200여 년 동안 이어져 온 비잔틴의 콘스탄틴이라는 지명이 이스탄불로 바뀐 것은 오스만 제국의 메흐메드 2세의 '정복'의 산물입니다. 비잔틴 제국이 골든 해협의 입구를 철 체인으로 봉쇄하여 오스만 터키 함대가 진입을 할 수 없게 되자 메흐메드 2세가 72척의 배를 수십 마리의 소로 지금은 쿤바라쥬 언덕이라고 불리는 곳으로 운반하여 카슴파샤라는 곳에서 골든 해협으로 들어가 공략을 하였습니다.

슐탄은 최소한 해발 60미터에 이르는 산등성이와 언덕을 수많은 배를 끌고 넘어갔습니다. 이때가 1453년인데 백마를 탄 슐탄은 출항하는 것처럼 언덕을 오르는 배들에게 돛을 드높이 올리고 노잡이들을 승선시켜 노를 앞뒤로 움직이게 했습니다. 정상에 오른 배들이 골든혼을 향해 언덕을 내려갈 때도 배들이 깃발을 펄럭이며 군악대 소리에 맞추어 내려왔습니다. 이 사건은 전쟁의 분수령이 되었고 오스만

군의 사기는 하늘로 솟구친 반면 비잔틴의 사기는 땅에 떨어졌습니다. 이때 그의 나이가 21세였다고 합니다.

배를 갖고 산을 넘은 한 청년의 생각이 이런 놀라운 역사를 만든 것입니다. 생각의 힘은 무한합니다.

이런 말이 있습니다.

"기는 놈 위에 뛰는 놈이 있고, 뛰는 놈 위에 나는 놈이 있으며, 그 위에 붙어다니는 놈이 있다." 지금도 그렇지만 백악관이나 청와대는 아무나 들어갈 수 없습니다.

굼벵이 챔피언이라 해도 들어가다가 밟혀 죽을 것이고 단

거리 선수라 해도 들어가다 총 맞아 죽게 됩니다. 나는 놈도 대공포나 레이저 건에 맞아 박살이 나게 됩니다.

그런데 붙어다니는 놈은 안전하게 아무런 조사나 제재도 받지 않고 오히려 경비원들에게 경례까지 받으며 여유 있게 들어 갑니다. 누굽니까? 대통령 가방에 붙어 있는 파리란 놈입니다. 붙어 있기만 하면 다 해결이 됩니다. 심지어 대통령의 음식도 공짜로 먹습니다. 무슨 이야기를 하는 것입니까? '생각의 위대함'을 이야기하는 것입니다.

굼벵이가 기를 써도 뛰는 존재를 이길 수 없고 아무리 단거리 세계 챔피언이라 해도 비행기를 능가할 수 없는 것입니다.

붙어 있는 놈은 이렇게 자기의 힘과 노력으로 경쟁하는 차원을 넘는 특별한 존재라는 것을 설명하는 것입니다. 백악관에 들어가려고 발버둥을 치는 굼벵이나 단거리 챔피언이나 날아서 공중으로 들어가는 것과는 전혀 다른 차원의 성공은 붙어 다니는 것입니다.

말하자면 앞에 기고 뛰고 날고 하는 속도의 경쟁과는 전혀 다른 차원의 방법이 훨씬 앞선다는 것입니다. 생각의 힘을 이야기하려는 것입니다.

이것은 심오한 비밀인데 최고의 강자는 결국 세상을 만든 분에게 붙어 있는 사람인 것입니다.

이런 '생각의 힘'을, 400년 전에 미리 간파한 프랑스의 철학자 파스칼의 혜안이 놀랍기만 합니다.

"인간은 생각하는 갈대이다."

과학의 한계에 대해 한가지 예를 들어 보겠습니다.

2차 세계 대전 당시 독일의 히틀러가 독일의 많은 과학자들을 동원해서 만든 로켓이 있습니다. 그런데 그것이 10만분의 1의 오차로 인해서 실패해서 독일이 2차 대전에서 패배했다는 기록이 남아 있습니다. 다시 말해서 10만분의 99,999…는 되었는데 그 마지막 작은 일 하나가 실패했기 때문에 완전히 패전했다는 사실입니다. 즉 우리가 잘 아는 과학에는 100%가 없습니다. 아무리 잘해야 99.999…%밖에 나타나질 않습니다. 그러나 우리 하나님의 역사는 다릅니다. 하나님은 천지를 창조하실 때에 몇 차례 실험해서 창조하신 적이 없습니다. 또 99.99%가 아니고 완전히 100%로 창조하신 사실을 우리가 창세기에서 알 수 있습니다.

하나님께서는 한 번 '빛이 있으라' 말씀하시고 단번에 천지를 창조하셨습니다.

과학은 다 가능할 것 같은데 불가능의 한계가 있고 하나님의 말씀은 불가능한 것 같은데 가능합니다. 우리가 무엇을 믿고 따라야 하겠습니까? 하나님만이 완전하시고 절대적인 분임을 알고 하나님의 말씀을 절대 믿어야 합니다.

최근 코로나19 (COVID-19) 사태로 거의 700만 명이 목숨을 잃었으며, 현재도 진행 중입니다. 2023년 전 세계 확진자가 682,184,415명이고 사망자가 6,854,936명이라고 합니다. 그 놀랍다는 과학은 힘도 못 쓰고 엄청난 속도와 편리함을 자랑하던 인터넷은 코로나로 인한 사망자와 감염자의 통계 전달을 빠르게 하는 역할 이상을 하지 못했습니다. 코로나19는 아직도 진행 중입니다. 그리고 앞으로 코로나19보다 더 강력하고 무서운 바이러스가 나올 것을 예측도 못 합니다. 과학의 한계입니다. 과학은 앞으로 천년의 시간이 주어져도 사람의 생명을 살릴 수 없습니다.

그러나 생각의 영향력은 사람의 생명을 살립니다. 온 천하보다 귀한 생명을 살린다는 것입니다.

이런 예가 있습니다. 어떤 분이 병으로 의사로부터 6개월 시한부 선고를 받았습니다. 6개월밖에 살 수 없다는 것입니다. 이 사람은 의사에게 그 말을 듣고 그때부터 거리를 다니면서 "나는 6개월밖에 못 산다"고 울부짖었습니다. 며칠 동안 그렇게 다니다가 당시 서울역 앞에는 노점상을 하는 분들이 많았는데 어느 꽃을 파는 소녀가 있었습니다. 이 사람은 그 꽃 파는 소녀 앞에 앉아서 자기는 6개월밖에 살지 못한다고 눈물을 흘리며 하소연을 했습니다.

소녀가 그 사람의 하소연을 듣고 나서 이렇게 말했습니다. "아저씨! 그렇다면 앞으로 6개월을 더 살 수 있다는 거잖아요. 반년의 기회가 있는 거네요. 저희 아버지는 지금 중환자실에 계시는데 이번 주를 넘길 수 없대요." 이 말을 듣는 순간 이 사람의 얼굴에 생기가 나고 눈동자가 반짝였습니다. "그래! 맞아, 나한테는 반년의 기회가 있는 거야." 이 사람은 이때부터 생활이 완전히 달라졌습니다. 매사에 감사하면서 날마다 긍정적인 마음을 갖고 적극적으로 어려운 사람들을 돕는 일을 하면서 살았습니다. 장애인들을 돕고, 소년소녀 가장들을 데리고 좋은 구경도 시켜 주고 맛있는 음식도 사 주었습니다. 독거노인이 계시는 곳에 가서 땀 흘리며 청소도 하고 전기도 고쳐 드렸습니다. 이런 봉사를 하면서 그는 이전에 맛보지 못했던 삶의 보람과 기쁨을 누리게되었습니다. 이렇게 육신은 피곤했으나 밤에는 꿀잠을 잤고 밥맛도 그렇게 좋을 수가 없었습니다. 너무 열심히 기쁘게 사느라고 세월이 가는 것도 몰랐습니다.

그러던 어느 날 거울을 보다가 자기 얼굴을 보고 깜짝 놀랐습니다. 거울에는 옛날의 병색이 가득한 자기가 없고 건강하고 밝은 얼굴의 남자가 있었기 때문이었습니다.

그는 순간 거울 옆에 붙어 있는 달력을 보았습니다. 그리고 소스라치게 놀랐습니다. 달력의 날짜가 6개월이 지나 8개월을 가리키고 있었기 때문이었습니다. 그는 6개월이 넘었는데 살아 있었던 것입니다. 그는 이상한 마음이 들어 자기를 진단한 의사를 찾아갔습니다. 의사는 이 사람을 보고 깜짝 놀란 얼굴로 진찰을 다시 하자고 하면서 정밀 검사를 했습니다. 검사 결과는 놀랍게도 전에 있던 질병이 다 없어진 걸로 나왔습니다. 의사가 묻기를 무슨 약을 먹었느냐고 솔직히 말해 달라고 했습니다. 이 사람은 병원을 나오면서 하늘을 보면서 외쳤습니다. "하나님, 감사합니다!" 그리고 어제 청소를 하다가 못 다 한 소년소녀 가장의 집으로 달려갔습니다.

6개월밖에 못 산다는 생각이 꽃 파는 소녀의 6개월을 살 수 있다는 말 한마디로 생각이 바뀌고 인생이 바뀌게 된 것입니다.

이 이야기는 우리나라의 저명 인사가 이야기한 것입니다.

최근에 미국에서 총기 사고로 무고한 어린이들이 생명을 잃어 우리들을 안타깝게 하고 있습니다.

2023년 4월 29일 미국의 비영리 재단인 '총기 폭력 아카이브(GVA)'에 따르면 올해 들어 이날까지 미국에서는 '범인을 제외하고 총기로 인해 4명 이상의 사상자가 발생하는' 총기 난사가 최소 172건 발생한 것으로 파악됐습니다. 하루에 한 건 이상 일어난 셈입니다.

이전에도 여러 번 총기 사고로 많은 생명들이 세상을 떠났습니다. 그런 사고들이 일어난 후 십 년, 이십 년이 지나면서 인터넷은 상상할 수 없는 속도로 발전을 했지만 단 한 건의 총기 사건도 해결을 못 했고 단 한 명의 생명도 지키지 못했습니다. 그런 끔찍한 사고의 소식을 전 세계에 옛날보다 빨리 알리는 역할에만 기여했을 뿐입니다.

잘 아는 지인의 아들이 천식병을 앓다가 군에 입대했습니다. 훈련을 마치고 기간 부대로 배치가 되어서 부모가 면회를 갔는데 아들의 얼굴이 너무 수척해졌습니다. 부모가 어디 아프냐고 무슨 일이 있느냐고 물었습니다. 아들이 별일 없다고 하였는데 그 아버지가 화장실에 간 사이 아들이 엄마에게 이렇게 말합니다. "엄마! 나 내일 고참 한 명 쏴서 죽이고 탈영할 거야!"

엄마가 놀라서 물으니 고참 하나가 있는데 자기가 천식이 있는 걸 알면서도 매일 운동장을 열 바퀴씩 돌라고 하면서 괴롭히는데 더 이상 견딜 수가 없다는 것입니다. 엄마는 너무 놀라고 가슴이 뛰는데 마음을 진정하고 아들에게 이렇

하나님의 비전 이야기

게 말했습니다. "아들아! 얼마나 힘들었냐. 다만 엄마가 한 가지 부탁을 한다. 엄마를 생각해서 꼭 이렇게 해 주기를 바란다. 엄마가 네가 연병장을 도는 그 시간에 동네 운동장을 돌면서 기도하겠다." 아들과 헤어져 그 시간에 그 엄마는 동네 운동장을 돌면서 간절히 눈물로 하나님께 기도를 했습니다. 그런데 얼마 후 아들로부터 놀라운 편지가 왔습니다. 내용인즉 엄마의 부탁대로 그날부터 이를 악물고 연병장을 돌기 시작했는데 어느 날부터 숨찬 증세가 없어지고 몸에 힘이 생기더라는 것입니다. 그래서 그날은 연병장을 열 바퀴 돌고서 고참에게 한 바퀴를 더 돌겠다고 하니까 고참이 이상하게 쳐다보더니 이제부터 연병장 도는 것은 그만해도 된다고 했다는 것입니다. 병사가 자기 엄마의 말을 듣고 생각을 바꾸니 생명도 살리게 되고 병사의 인생이 크게 변한 것입니다.

조금 이야기를 비약해 보겠습니다. 지금 우크라이나 전쟁으로 수십만의 생명이 희생되고 수백만의 무고한 사람들이 고통을 당하고 있습니다. 천문학적인 재산의 손실을 입었으며 전쟁은 진행 중입니다. 그런데 그렇게 감탄하는 인터넷은 무슨 도움의 역할을 합니까, 생명을 살리기보다는 서로 더 많은 상대 국가의 인명을 살상하는 도구가 될 뿐입니다.

만일 누가 러시아의 푸틴을 만나 대화를 통해 그의 생각을 바꾼다면 전쟁이 종식될 가능성이 충분히 있습니다.

옛날 고려의 서희가 과거에 급제한 후 원외랑을 거쳐 병관어사로 재직 중, 993년, 고려 성종 12년에 거란의 침입 때 거란 측 장수인 소손녕(蕭遜寧)과 담판을 하여 교전을 치르지 않고 퇴각시켰으며 강동육주를 얻은 역사가 있는데 이때에는 인터넷은 세상에 그 이름도 없던 시대였습니다.

우리나라 속담에도 "말 한마디에 천 냥 빚을 갚는다"는 말이 있습니다. 컴퓨터를 수만 대를 갖고도 해결하지 못할 일들을 말 한마디로 생각을 바꾸어 해결할 수 있는 것입니다.

생각의 힘과 영향력은 인터넷과는 비교가 안 되는 다른 차원임을 알아야 합니다. 인간은 생각하는 존재라는 것은 놀라운 것입니다.

인터넷에 대한 지나친 맹신을 조심해야 합니다.

이와 같이 생각은 속도나 범위에서도 세상에 비교할 수 없으며 그 영향력은 타의 추종을 불허합니다. 과학은 발전

하나님의 비전 이야기

하면서 사람들에게 편리함을 주는 대신 새로운 문제를 만들어 냅니다.

행복은 삶의 의미를 알고 살아갈 때 느낄 수 있는 것입니다. 삶의 의미는 좋고 나쁨이 아닌 옳고 그름에서 찾을 수 있습니다. 인터넷은 좋고 싫음을 데이터로 분석하고 측정할 수는 있으나 옳고 그름을 알지 못합니다. 즉, 옳고 그름을 측정하지 못한다는 것입니다. 따라서 인터넷은 삶의 의미나 행복을 주지 못하기 때문에 그 한계를 알고 사용하지 않으면 위험해집니다. 인터넷의 편리함과 즐거움을 행복으로 오해하고 인터넷의 늪에 빠지게 되는 것입니다. 인터넷으로 성공하여 돈과 인기를 얻고도 정말 중요한 가정의 행복을 잃거나 소중한 인간관계에 금이 가는 일이 생길 수도 있는 것입니다. 인터넷은 편리함을 주지만 생명을 살리지 못합니다. 인터넷은 즐거움을 주지만 행복을 주지 못합니다. 그러나 생각은 개인과 국가도 살린다는 것을 역사를 통해 증명할 수 있습니다.

이런 이야기가 있습니다.

우주선을 발사하는 미국 NASA에는 최고의 과학자들이 있으며, 최고의 기술이 있는 곳입니다. 우주선 발사를 위한 작업에는 시간을 분초로 계산하는 과정이 있는데 컴퓨터로 시간을 계산하는 과정에서 이상하게 24시간이 모자란다는 계산이 나왔다고 합니다. 최고의 과학자들이 최고의 컴퓨터로 여러 번 계산을 해도 계속 24시간이 모자라고 원인을 찾지 못했는데, 한 과학자가 놀라운 발견을 했습니다.

한 과학자가 성경을 보다가 구약 여호수아서 10:12-14에 전쟁 기록이 나오는데 거기 보면 날이 어두워지면 이스라엘이 패배할 위험에 처하게 되는데, 당시 이스라엘의 총사령관 여호수아가 이상한 행동을 한 것입니다. (현대에도 그런 이상한 사람들이 가끔 나타나 세상을 놀라게 합니다. 120년 전에 사람이 하늘을 날 수 있다고 하거나 600만 명이 죽어 나가는 나치의 포로 수용소에서 자기는 반드시 살아 나갈 것이라고 믿고 깨진 유리 조각으로 날마다 면도를 하는 이상한 사람들이 있습니다. 물론 이들의 생각대로 다 그대로 되었습니다.) 여호수아의 행동은 너무 이해가 안 되는 무모한 것이었습니다. "태양아, 너는 기브온 위에 머무르라. 달아, 너도 아얄론 골짜기에 그리할지어다." 이게 말이 됩니까? 어떻게 태양과 달을 명령하여 움직이지 말고 그대로 있으라고 한단 말입니까? 놀라운 것은 태양과 달이 그 말대로 온종일 멈췄던 것입니다.

"태양이 머물고 달이 그치기를 백성이 그 대적에게 원수를 갚도록 하였느니라. 야살의 책에 기록되기를 태양이 중

하나님의 비전 이야기

천에 머물러서 거의 종일토록 속히 내려가지 아니하였다 하지 아니하였느냐" 여호수아는 자기가 태양을 명령하면 중천에 온종일 멈출 것으로 생각하고 믿었으며 하나님은 그의 무모한 생각을 들어 주신 것입니다.

나사의 과학자들이 이때의 해가 온종일 멈췄던 시간을 컴퓨터로 계산해 보니 23시간 40분이 되었다고 합니다.

그런데 문제가 생겼습니다. 1분 1초도 오차가 없어야 하는데 무려 20분이 모자라는 것입니다. 과학자들이 딜레마에 빠졌습니다. 그렇게 고민을 하다가 한 직원이 성경을 들고 와서 구약 성경 열왕기서를 보여 주었습니다. 열왕기하 20:1-11에 보면 유대의 히스기야 왕이 병들어 죽게 되자, 눈물로 하나님께 살려 달라고 기도합니다.

하나님께서 그 기도를 들으시고 생명을 15년이나 연장시켜 주시겠다고 약속하십니다. 그러자 히스기야가 그 증거를 주십사 말씀을 드렸습니다. 하나님께서 증거를 주시면서 당시 사람들이 사용하던 해시계를 앞으로 가게 해 줄까 아니면 뒤로 가게 해 줄까 물으셨습니다. 시간을 움직이는 자체가 불가능한 일입니다. 히스기야가 생각하기를 그래도 시간은 앞으로 가는 거니까 더 불가능한 뒤로 해시계를 돌려 주시기를 요청했습니다. 하나님께서는 놀랍게도 그 요청을 들으시고 해시계를 거꾸로 돌리셨습니다. 그 기록을 나사의 직원이 발견하고 과학자들에게 달려온 것입니다. 해시계 십도는 현대 시간 기준으로 20분입니다. 먼저 태양이 중천에 온종일 머문 시간이 23시간 40분이었습니다. 여기에 20분이 더해지면 정확히 24시간이 됩니다. 과학자들은 모두 전율했으며 하나님을 믿는 사람이나 모르는 사람이나 놀라운 사실에 감탄을 금치 못한 것입니다.

저는 나사에는 가 보지 않았지만 성경에서 확인했고 사실이라고 믿습니다. 그리고 실제로 나사의 과학자들이 당시 최고의 허블 망원경으로 우주를 관찰하면 할수록 보이는 범주 외의 무한한 헤아릴 수 없는 우주를 보면서 우주의 광대함 앞에 인간의 한계를 느끼고 "오! 하나님!"이라고 탄성을 한다는 말이 있습니다.

하나님의 비전 이야기

우리가 밤하늘에 보는 별들은 과연 몇 개나 될까, 학자들의 견해가 다양한데, 은하들은 작은 것들은 1천만 개 이하의 항성으로 이루어져 있고, 큰 것들은 100조의 항성들을 가지고 있다는 학자와 관측 가능한 우주에는 약 1천 7백억(1.7×10^{11}) 개 이상의 은하들이 존재하는 것으로 추측된다고 하는 학자와 호주국립대학의 천문학자들은 우주에 있는 별의 총수는 7 곱하기 10의 22승 개라고 발표했다고 하는데, 이 숫자는 7 다음에 0을 22개 붙이는 수로서 이것은 7조 곱하기 1백억 개에 해당한다고 합니다. 다른 학자는 2조 개의 은하를 말합니다. 요약하면 대략 한 은하계에는 수천억의 별이 있고 그런 은하계가 측정 가능한 것만 수백조라고 하며 측정할 수가 없는 은하계는 더 많다고 하니 한마디로 표현하면 무한대인데 하나님은 그 별들의 수효는 물론 그 모든 별들의 이름을 다 알고 계시니 우리는 그저 무릎을 꿇고 하나님을 찬양하는 것밖에 할 수 있는 것입니다. 인터넷의 그림도 없던 수천 년 전에 이런 사실을 시로 노래한 시인의 지혜와 안목에 그저 놀랍기만 합니다.

저가 별의 수효를 계수하시고 저희를 다 이름대로 부르시는도다(시편 147:4)

아무리 이해가 안 되지만 사실을 부인할 수는 없는 것입니다. 나면서 앞을 못 보는 사람이 나는 구름도 꽃도 안 보이니 없다고 하면 옆에서 보는 사람이 얼마나 안타겠습니까, 만일 우리가 타임머신으로 구석기 시대나 신라시대로 가서 사람들에게 사람이 하늘을 날고 컴퓨터로 하는 일들을 아무리 이야기한들 믿겠습니까? 미친 사람 취급 할 것입니다. 지금도 마찬가지로 인간의 상식을 뛰어넘는 사건을 경험한 사람이 그 사건을 말하면 마치 석기시대 사람들이 현대를 이해하지 못하는 것처럼 반응하는 것입니다.

최근에 전 세계를 놀라게 한 미국의 유명한 외과 의사의 사건이 있습니다.

해당 기사 내용입니다.

하버드 최고의 신경외과 전문의 이븐 알렉산더 박사는 임사체험은 뇌가 만들어 내는 환상에 불과하다고 믿어 왔다. 그런 그가 7일간의 뇌사 상태에서 죽음 너머의 세계를 체험하고 살아 돌아왔다. 그리고 그 7일간의 실제 경험을 한 권의 책으로 펴냈다. 그는 뇌가 완전히 멈춘 순간에 죽음 너머 세상을 경험함으로써, 임사 체험은 뇌가 만들어 내는

하나님의 비전 이야기

환각이 아니며, 뇌가 죽어도 의식이 계속 존재한다는 증거가 되었다. 아마존 종합 1위, 뉴욕타임즈 종합 1위, 퍼블리셔 스위클리 20주 연속 종합 1위! 전 세계가 주목하는 화제작, 〈나는 천국을 보았다〉(원제: Proof of Heaven)가 드디어 국내에도 출간되었다. 죽음을 경험하고 살아 돌아온 그에게 우리는 궁금한 것이 많다. 그래서 모두 물어봤다!

이븐 알렉산더(Eben Alexander, 1953년 12월 11일~)는 미국의 신경외과 의사이자 작가다. 2008년에 알렉산더가 실제로 경험한 임사 체험을 소재로 한 책《나는 천국을 보았다》(Proof of Heaven)가 2012년 발간되었다. 속편《나는 천국을 보았다 두 번째 이야기》(The Map of Heaven)는 2014년에 발간되었다. 속편은 뉴욕타임스 베스트셀러에 올랐다.

이런 놀라운 일들을 이해하는 사람은 단 두 사람입니다. 생각이 시대를 앞서가는 (백년, 천년 이상 무한히 생각이 열려 있는) 사람과 믿음의 사람만이 그런 놀라운 일들을 알게 됩니다.

한국비전연구소의 비전 교육을 몇 년 동안 받은 17사단 포병연대의 연대장이 공식 행사장에서 포병 연대가 한국비전연구소의 교육을 몇 년 동안 받고 나서 연대 사고기 30% 이상 줄었다고 발표했습니다. 전문가들에 의하면 3%만 사고가 줄어도 대단한 것이라고 합니다. 저희가 한 교육은 장병들에게 자신의 소중함을 일깨워 생각을 바꾸어 준 것뿐입니다. 생각이 바뀌니까 그런 놀라운 결과가 나온 것입니다.

아래 인터넷 주소에 관련 기사 전문이 있습니다.
https://kookbang.dema.mil.kr/newsWeb/20160414/1/
ATCE_CTGR_0010030000/view.do

하나님의 비전 이야기

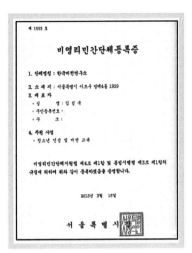

17사단장으로부터 감사장도 받았습니다.

한국비전연구소는 2007년도에 설립이 되었으며, 서울특별시에 인성 교육 및 비전 교육을 하는 비영리 민간 단체(서울특별시 제1555호)로 등록되었습니다. 비전 연구와 교육을 전문으로 하고 있으며, 초, 중, 고등학교와 각 구청들, 인천경찰청, 서울구치소, 수도방위사령부, 60사단, 17사단에서 교육을 했습니다.

다음은 17사단 장병들이 비전 강의를 받고 직접 작성한 소감문의 일부분입니다.

상병 임○○

군 생활 중 가장 보람찬 시간이었다. 매 순간 집중할 수 있었고 뜻깊은 교육이었다. 알고 느껴야 하는 것을 알지 못하고 살았던 것을 깨달았고, 강사분들이 더운 날씨에 최고의 열정을 가지고 강의를 하여서 더 집중할 수 있었고 감동을 받았다. 이런 강의는 상병캠프만이 아니라 대대에서도 하면 좋겠다. 정말 최고로 유익한 교육이었다.

중사 이○○

돈을 내고 들어야 할 것 같은 명강의들이었습니다. 이번 교육을 통하여 저에 대해서 돌아보는 계기가 되었으며 나라는 사람에 대해 생각을 많이 하게 되었습니다. 내 자신이 얼마나 소중한지를 생각하게 되었으며 내가 소중하듯 다른 사람들도 소중하다는 것을 다시 한 번 일깨우는 시간을 갖게 되었습니다. 또한 감정을 컨트롤하는 방법을 통해 '내가 부모가 되면 자식에게 내가 거울이 된다'라는 이야기를 통해 언행의 중요성도 깨닫는 중요한 시간이었던 것 같습니다. 이 교육을 통하여 왜 사고가 30%나 줄어들었는지 알 것 같습니다. 끝으로 앞으로 이번 교육을 교훈 삼아 더욱 발전하는 부사관이 되도록 하겠습니다.

하나님의 비전 이야기

수천 장이 넘는 장병들의 소감문 내용들이 거의 이런 내용들입니다. 장병 한 사람 한 사람에게 일어난 비전 교육의 긍정적인 효과가 사고율 30% 감소라는 이런 놀라운 결과를 낸 것입니다.

다음은 인천 B여고에서 있었던 일입니다.

인천 B여고에서 한국비전연구소의 소장이 명강사 초청 시간에 초청을 받아 비전 강의를 하게 되었습니다. 1시간의 강의를 마친 후 사회를 보던 선생님이 학생들에게 강사님과 사진을 찍고 싶은 사람이 있으면 강단 위로 올라오라고 하였습니다. 소장은 연예인이나 유명 인사도 아니라 학생들이 한 명도 나오지 않을 줄 알았는데, 놀랍게도 그 자리에 있던 학생들 700여 명 전체가 한꺼번에 강단 위로 올라오는 바람에 사진을 몇 번에 나누어 찍었습니다.

1시간의 비전 강의에 감동을 받은 학생들이 강사와 사진을 찍겠다고 모두 몰려든 것입니다. 1시간의 비전 강의가 학생들에게 그처럼 큰 감동을 주리라고는 아무도 예상치 못했습니다.

초등학교에서도 반응이 뜨거웠습니다.

하나님의 비전 이야기

어느 날 영국에서 이메일이 왔습니다.

이 이메일은 당시 영국에 있는 국제단체의 부책임자로 있던 분이 보낸 이메일인데, 그해 여름, 그의 아내와 당시 고등학교 2학년이었던 외동딸이 한국비전연구소를 방문해서 몇 시간 동안 집중적으로 비전 강의를 듣고 다시 영국으로 돌아간 지 얼마 안 되었을 때, 그분이 이런 메일을 보내왔습니다.

존경하는 김성욱 소장님께

소장님, 그동안 안녕하셨는지요? 2년 전, 저희 딸 지아가 공부에도 관심이 없고, 본인이 무엇을 전공하고 싶은지 그리고 장래에 무엇을 할지에 대한 비전이 없어서 이것이 저희들의 큰 고민이었습니다. 공부를 잘하고 못하고를 떠나 인생에 대해 비전이 있어야 하는데 그렇지 못한 딸아이를 보며 너무나 안타까웠지요! 그저 마음만 답답하고 안쓰러울 뿐, 그렇다고 딸아이를 대신해 줄 수도 없는 부분이었기에 더욱 고민이었습니다. 그렇게 가슴앓이를 하던 중, 여름방학을 맞아 아내가 지아와 함께 한국을 방문하게 되어 한국비전연구소를 소개받아 소장님과 기획실장님을 만났고, 비전에 대한 강의를 듣고 왔습니다. 비전에 대한 강의를 들으며, 도전이 되는 감동적인 영상 자료들도 보고, 궁금했던 부분들에 대한 설명도 듣고, 정말 많은 도전을 받고 왔다고 했습니다. 함께 했던 아내까지도 너무나 유익하고 감사한 시간이었다고 했습니다. 딸이 영국에 돌아와 '비전'을 가지고 열심히 공부해 현재는 케임브리지 대학을 비롯해 영국의 몇몇 최고의 대학들로부터 입학 허가를 받아 놓은 상태입니다. 아내와 저는 소장님과 실장님께서 다양한 분야에서 여러 가지 활동들을 하시며, 꿈이 없는 이들에게 비전에 대해 알리고 계신 것을 감사하고 있습니다. 두 분을 통해 비전 없는 많은 청소년들이 비전을 갖고 의미 있는 삶을 살 수 있기를 바랍니다. 실장님에게도 감사하다고 꼭 전해 주십시오! 다시 한 번 감사를 드리며.

2011년 4월 19일 영국에서 정상기 올림

(*이름은 가명을 사용했습니다)

생각의 중요성과 영향력은 무한합니다.

2. 생각이란 무엇인가?

사전적인 의미는 생각(生覺, Thought/Thinking) 또는 사고(思考)는 결론을 얻으려고 헤아리고 판단하고 인식하는 관념의 과정이다. 목표에 이르는 방법을 찾으려고 하는 정신 활동을 말한다. 사상(思想), 사유(思惟)라고 되어 있습니다.

> **"무릇 그 마음의 생각이 어떠하면 그의 사람됨도 그러하니,"** (새번역 잠 23:7 상)

"나는 생각한다. 고로 존재한다." 이 말은 르네 데까르뜨[4]가 한 말입니다.

1) 생각은 그 사람이다

생각은 곧 그 사람입니다. 서론에 말씀을 드린 것처럼 사

---

4 1596~1650 프랑스의 철학자, 수학자, 과학자, 근대 철학의 아버지로 불린다.

람은 생각대로 행동을 하고 살기 때문에 사람의 생각은 곧 그 사람인 것입니다. 돼지가 왜 돼지입니까? 돼지의 생각을 하기 때문입니다. 토끼와 거북이는 왜 토끼와 거북이입니까.

동물은 동물의 생각을 사람은, 사람의 생각을 합니다. 만일 사람이 짐승과 같은 생각을 하면 그 사람을 가리켜 사람의 탈을 쓴 짐승이라고 말합니다. 같은 사람이라도 어떤 생각을 가지고 있느냐에 따라 그의 삶이 달라지고 따라서 그의 운명도 달라집니다. 그래서 생각이 그 존재라고 하는 것입니다. 아무리 많은 지식을 갖고 많은 재물을 갖고 있어도 나이를 많이 먹어도 높은 지위를 가지고 있어도 생각이 안 바뀌면 아무것도 바뀌지 않습니다.

이런 이야기가 있습니다. 영국의 유명 대학에 식인종 추장 아들이 유학을 와서 몇 년 동안 공부를 하고 돌아가면서 함께 공부한 친구에게 한 번 놀러 오라고 초청을 했습니다. 몇 년이 지나 친구가 추장이 되어 마을을 통치하고 있다면서 친구를 초대했습니다. 친구가 식인종 동기생의 마을을 방아하면서 많은 기대를 했습니다. 그런데 놀라운 것은 아직도 식인의 악습을 가지고 있더라는 것입니다. 바뀐 것은 전에는 손으로 먹었는데 지금은 친구가 유학을 하고 난 뒤로는 모두 포크와 나이프로 사람을 먹고 있더라는 것입니

하나님의 비전 이야기

다. 유학을 통해 지식과 문화들을 배웠으나 생각은 하나도 변하지 않았으며 결국은 바뀐 건 아무것도 없었다는 이야기입니다.

이와 같이 사람이 생각이 안 바뀐 상태에서 아무리 돈을 많이 벌고 공부를 많이 하고 유명한 사람이 된다고 해도 그의 삶은 전혀 바뀌지 않는다는 것입니다.

생각이 바뀌지 않고 지식을 많이 쌓으면 인생은 전혀 바뀌지 않을 뿐더러 오히려 위험할 수 있습니다. 무식했을 때는 나쁜 짓을 한 가지밖에 못 하지만 유식한 만큼 백배의 나쁜 짓을 하게 됩니다.

지금 세상을 망치고 있는 사람들은 무식한 사람들이 아니라 생각이 바뀌지 않은 유식한 사람들입니다. 생각은 개인의 운명과 나라의 운명을 결정합니다.

그 사람이 하는 생각이 그 사람을 만들고 그 사람은 그 사람의 생각을 하는 것입니다. 사람은 마음 먹은 대로 행동하는데, 사람의 마음은 그의 생각의 창고입니다. 결국 생각들이 마음에 쌓이고 쌓인 마음이 사람을 움직이고 그의 인생을 결정합니다.

어떤 사람이 사고를 칠 때 사고 당사자가 그런 일을 저지른 것은 당장 생각하고 행동한 것이 아닙니다. 오랫동안 생각을 거듭하였다가 마음을 먹고 행동한 것입니다.

사람이 마음을 먹으면 좋은 생각이든 나쁜 생각이든 반드시 실행하게 됩니다. 그래서 생각이 중요한 것입니다.

빅터 프랭클[5]은 1905년 오스트리아의 빈에서 태어났고, 빈 대학에서 의학 박사와 철학 박사 학위를 받았습니다. 제2차 세계 대전 당시 온 가족이 유대인이라는 이유로 수용소에 끌려간 후, 프랭클은 3년 동안 네 군데의 수용소를 거쳤으나 끝내 살아남았습니다.

그는 수용소에서 깨진 유리 조각을 갖고 매일 면도를 하며 희망을 잃지 않았고 독일 간수들의 가혹한 핍박을 받으면서 마음으로 "당신들이 내 육체를 아무리 괴롭히고 고통스럽게 해도 내 마음은 손댈 수 없다"고 다짐하며 이겨 냈고, 나중에는 독일 간수들이 인생 상담을 요청하기까지 했다고 합니다. 수용소에서 살아남은 본인의 '체험'을 통해 발견한 치료법이 바로 프로이트의 정신 분석, 아들러의 개인

---

5 빅터 프랭클(viktor frankl): 정신과 의사이자 신경학자, 철학자다.

심리학과 더불어 정신 요법 제3학파라 불리는 로고테라피입니다. 이는 '드라마틱한 치유 효과'로서 로고테라피를 선호하는 사람들이 많습니다. 프랭클은 모든 사람에게는 '현실의 어려움을 극복할 수 있는 가능성'이 있다고 말합니다. 비참한 상황을 극복하고, 고통 속에서도 의미를 발견할 수 있고, 의미 없어 보이는 고통도 가치 있는 업적으로 바꿀 수 있다는 것입니다.

해방 후 프랭클은 빈 대학병원 신경정신과 과장으로 일했으며, 1970년 미국 인터내셔널 대학은 캘리포니아 샌디에이고 캠퍼스에 세계 최초로 로고테라피 강의를 개설하고 프랭클을 초빙 교수로 모셨습니다. 전 세계 29개의 대학에서 명예 박사 학위를 받기도 했으며, 프랭클이 쓴 『인간의 의미 추구 Man's Search for Meaning』(죽음의 수용소에서)는 전 세계 독자들에게 큰 사랑을 받았습니다. 미국정신과협회는 정신 치료에 대한 공헌을 인정해 빅터 프랭클에게 1985년 오스카 피스터상을 수여했습니다. 93세에 영면에 들기까지 강의와 집필을 쉬지 않았고, 40권의 책을 남겼습니다.

2) 생각은 그의 미래다

　생각해 보면 나의 삶은 과거의 나의 생각의 산물입니다. 내일은 오늘의 생각의 결과입니다. 역사의 탐험가들은 선각자들입니다. 미래를 생각으로 미리 보고 미래를 탐험하고 그 미래를 오늘의 현실로 사람들에게 나타냈습니다. 콜럼버스의 아메리카 신대륙 발견이나 코페르니쿠스의 지동설이나 라이트 형제의 비행기가 다 그런 산물입니다. 이들의 생각을 현실로 보기 전까지는 아무도 믿지 않았습니다. 생각은 미래를 보고 미래를 미리 가져다 놓습니다. 그래서 생각은 미래인 것입니다.

　　　　　　　　　　　　　　　　　하나님의 비전 이야기

3. 생각을 어떻게 바꿀 것인가?

생각을 바꾸어야 하는 중요한 이유는 생각이 바뀌지 않으면 실제로는 아무것도 바뀌는 것이 없기 때문입니다

서론에서 말씀드린 바와 같이 기차는 철로를 따라가듯이 사람은 생각대로 움직입니다. 아침에 일어나는 것으로 시작해서 밤에 잠들기까지 옷을 입고 먹고 마시고 이런저런 말을 하고 행동하는 모든 것들을 자기 생각에 따라서 합니다. 심지어 잠을 자면서 꿈을 꾸는 것도 생각의 영향을 받습니다.

이렇게 날마다 반복되는 일상이 결국 그의 인생을 결정하게 되는 것입니다.

사람은 의식적이든 무의식적이든 하루에 엄청나게 많은 생각을 합니다. 사람이 보고 듣고 체험한 것들이 자기도 모르는 사이에 자기의 마음으로 들어오는 것입니다. 그리고 무의식적으로 들어오는 수만 가지의 생각들은 거의 안 좋은 생각들이라고 합니다. 그러므로 그냥 있으면 마음은 나쁜

생각들이 쌓여 쓰레기 창고처럼 되어 마음이 부정적이 되고 좋지 않은 행동을 하게 만들고 인생을 망치게 합니다. 마치 아이들이 나쁜 것은 따로 가르쳐 주지 않았는데도 잘하는 것같이 말입니다.

생각을 바꾸는 것을 이야기하겠습니다.

생각을 바꾸는 순서가 있습니다. 먼저 올바른 방향을 잡아야 합니다. 올바른 생각은 첫 단추입니다. 그다음에 크게 높게 멀리 생각하는 훈련이 필요합니다.

1) 좋은 생각을 계속하라

올바른 생각을 바꾸려면 좋은 생각을 계속해야 합니다. 언제까지 해야 합니까? 될 때까지 하는 것입니다.

눈송이 무게는 깃털처럼 가볍습니다. 그런데 육중한 나뭇가지가 어떻게 부러지는 것입니까? 눈송이가 쌓이고 쌓이고 수백만 송이가 쌓이면서 나뭇가지가 부러지는 것입니다. 낙숫물이 바위를 뚫는 것과 같이 말입니다. 계속될 때까지 좋은 생각을 하면 결국 그 사람은 좋은 사람이 됩니다.

생각은 가만히 있어도 그냥 들어옵니다. 좋은 생각이 아

하나님의 비전 이야기

니라 나쁜 생각이 들어옵니다. 마치 미세 먼지를 일부러 마시지 않아도 들어오는 것처럼 들어옵니다. 그러므로 좋은 생각을 의도적으로 자주 해야 합니다. 좋은 사람과 자주 만나고 좋은 소리를 듣고, 좋은 책이나 좋은 음악을 듣도록 노력해야 합니다. 전문가의 말에 의하면 나쁜 생각 하나를 없애려면 좋은 생각 네 가지를 해야 한다고 합니다.

　자신의 일상을 객관적으로 바라보고 시간을 앞으로 주욱 밀어서 10년, 30년을 바라보시면 자기의 미래의 모습이 보일 것입니다. 만일 자신의 미래가 만족스럽지 않다면 과감하게 생각을 바꾸어 보시기 바랍니다. 생각을 바꾸는 일이 비록 처음에는 사소하고 작은 것이라도 괜찮습니다. 고쳐야 할 것이 있다면 쉽고 작은 것부터 시도하십시오.

　학자들에 의하면 새롭게 시도하는 행동은 약 3주간(21일)이 되어야 습관으로 바뀐다고 합니다. 힘들어도 3주간 투자해 보시기 바랍니다. 인생을 바꿀 수가 있다는데 이 정도는 투자할 가치가 충분하게 있지 않습니까?

2) 크게 생각하라

　사람이 시야가 좁으면 중요한 것을 놓치게 됩니다. 당장 눈앞의 것만 보고 생각을 잘못하게 됩니다. 삼국지에 조조가 대권을 잡기 전에 말단의 위치에 있을 때에 살해 위협을 받고 도망을 다니다가 시골 작은 동네에 친분이 있는 곳으로 피신을 했습니다. 동네 사람들은 위험을 감수하고 조조를 숨겨 주고 조조를 위해 잔치를 준비했습니다. 긴장이 풀려 피곤한 몸을 가누지 못하고 잠에 빠진 조조가 잠결에 들으니 밖에서 칼을 가는 소리와 함께 이런 소리가 귀에 들리는 것입니다. "단칼에 목을 쳐야 도망하지 못하니까 사방을 막고 단칼에 쳐." 조조는 이 말을 듣고 소스라치게 놀랐습니다. 자기의 목에 막대한 현상금이 걸린 터라 이제 죽었구나 생각하고 각오를 단단히 하고 갖고 있던 칼을 들고 뛰어나가 마당에 있는 사람들을 죽였습니다. 그리고 집집마다 다니며 무방비 상태에 있는 사람들을 모두 살해를 했습니다. 그리고 나서 보니 마당에는 돼지 한 마리가 묶여 있는 것입니다. 단칼에 죽이라고 한 것은 동네 사람들이 조조를 위해 잔치를 준비하면서 돼지를 잡는 말을 한 것입니다. 조조는 땅을 치면서 후회를 했지만 소용이 없습니다.

　사람이 크게 생각하지 못하면 손해 보는 것은 물론 이런

　　　　　　　　　　　　　　　　　하나님의 비전 이야기

엄청난 실수를 할 수도 있습니다.

  미국에서 벤 카슨 독서 클럽이 여러 학교에서 결성되고 있다는 말이 있을 정도로 벤 카슨은 미국 사회, 특히 청소년들에게 큰 영향을 주는 인물입니다.

  벤저민 솔로몬 "벤" 카슨(Benjamin Solomon "Ben" Carson, Sr.)은 미국의 신경외과 의사로 존스 홉킨스 병원에서 근무(1984~2013)했는데 역사상 최초로 머리가 붙은 샴 쌍둥이 분리 수술에 성공하였으며, 33세에 미국에서 소아 신경외과의 최연소 책임자가 되었습니다.

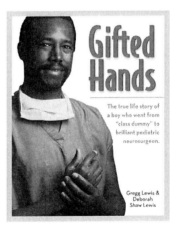

  그는 디트로이트의 빈민가에서 태어나 8세 때 부모가 이혼하여 편모 슬하에서 자랐는데, 불량소년들과 어울려 싸움질을 일삼고 흑인이라 따돌림을 받았습니다. 초등학교 5학년 때까지도 산수 시험 30문제 중 한 문제도 풀지 못했습니다. 반에서 항상 놀림을 받았으며 성적은 언제나 꼴찌였습니다. 그의 어머니 소냐 카슨은 일찍이 남편한테 버림받고, 가족의 생계를 위하여 남의 집 청소 등, 쉬지 않고 일하고,

밤늦게 피곤하게 귀가했지만, 자녀들 교육에 노력을 아끼지 않았습니다. 한번은 카슨이 학교에서 싸움을 하여 얼굴이 터져서 집에 들어갔는데 그날 밤늦게 귀가한 어머니는 아들의 그런 모습을 보고는 말이 없이 약을 발라 주고 아들을 꼭 안아 주며 평소처럼 용기를 주는 말을 했습니다. "애야, 넌 마음만 먹으면 어떤 사람이라도 될 수 있어. 노력만 하면 돼. 노력이 사람을 위대하게 만드는 가장 중요한 요소란다."

"크게 생각해라. 원하는 건 뭐든지 될 수 있어." 아들을 신뢰하고 믿어 주는 엄마의 영향력은 카슨을 어떠한 경우라도 포기하지 않고 용기를 갖는 사람이 되게 하였으며, 마침내 아들의 인생을 변하게 만들었습니다. 그는 노력하기 시작하였고, 조금씩 성적이 향상되어 고교를 3등으로 졸업했고, 명문 미시간대학 의과 대학에 합격하여 연구 노력한 결과 마침내 세계적인 인물이 되었습니다.

3) 길게 멀리 생각하라

동물은 눈앞의 것만 봅니다. 눈앞에 먹을 것이 있으면 그것 이외는 관심도 없고 다른 것은 보이지가 않습니다. 그래서 잡히고 죽는 것입니다. 생각을 바꾸려면 길게 멀리 보는

하나님의 비전 이야기

훈련을 해야 합니다. 적어도 10년, 30년 앞을 생각해야 합니다. 현대의 1년은 옛날의 몇십 년보다 변화가 빠릅니다.

이런 이야기가 있습니다. 미국 서부 개척 시대에 한 청년이 재산을 들여 금광을 사서 채굴을 하였습니다. 그런데 몇 달은 채굴해도 금이 나오지 않아 금광을 헐값에 넘겼는데 금광을 헐값에 인수한 사람이 금광을 캐러 들어갔습니다. 놀랍게도 3m도 되지 않는 지점에서 엄청난 금맥을 발견한 것입니다. 길게 멀리 보아야 합니다. 그리고 여러 번 생각하고 깊이 생각을 해야 합니다.

4) 타의에 의해서 바꾼다

이건 바람직하지 않은 방법이지만 잘못된 생각을 갖고 그대로 살다가 인생을 마감하는 것보다는 훨씬 낫습니다. 큰 사고나 질병을 통해 생각을 바꾸는 것입니다.

필자의 경우는 뇌경색을 만나 죽을 고비를 겪으면서 생각을 크게 바꾸었습니다. 만일 그대로 옛날의 잘못된 사고방식으로 건강하게 살았으면 어쩔 뻔했나 생각하면 아찔한 마음이 듭니다. 지금 뇌경색 16개월째인데, 병원에서 이 책을 쓰는 것입니다. 사람마다 다르겠지만 1), 2)의 경우처럼 자발적으로 생각을 바꾸는 것이 좋고 정 안 되면 3)의 케이스처럼 생각을 바꾸는 것이 필요합니다.

결론은 잘못된 생각은 반드시 바꾸어야 인생을 제대로 살수 있다는 것입니다.

생각에 대한 이야기를 마무리하기 전에 꼭 필요한 것이 있습니다. 바로 "균형"입니다. 아무리 좋은 것도 균형을 잃으면 위험해집니다. 아무리 건강에 좋은 음식이라도 지나치게 먹으면 해가 되고 건강에 좋은 운동도 지나치면 해가 됩니다.

생각에 균형은 절대 중요합니다. 생각의 속도나 영향력이 엄청나지만 균형이 없으면 위험합니다.

생각에 균형을 잡아 주는 것이 정체성과 비전입니다. 생각이 사람과 동물의 구분을 해 주고 사람의 위대함을 가르친다고 하면, 정체성은 사람은 누구인가를 가르칩니다.

그리고 균형의 마지막 변곡점인 비전은 사람이 어떻게 살아야 하는지를 규명해 주는 것입니다. 그래서 생각과 정체성과 비전을 중요한 인생의 삼각형이라고 말하는 것입니다.

하나님의 비전 이야기

정체성과 비전이 확실한 사람이 올바른 생각을 하게 되고 그 올바른 생각이 인류 역사에 큰 공헌을 한 것입니다.

이제 정체성과 비전에 대한 이야기를 하겠습니다.

정체성과 비전은 생각에 영향을 주고, 생각은 정체성과 비전을 세우고 이루어 가는 데 큰 역할을 합니다. 정체성과 비전은 생각의 균형을 잡아 주는 데 정체성과 비전이 없으면 크게 돈을 벌고 큰 기술을 발명해도 불행할 것입니다. 돼지가 양복을 입고 고급 차를 탄 것과 같기 때문입니다. 생각과 정체성과 비전이 제자리를 갖고 서로 조화를 이루어야 생각 고유의 기능과 능력을 올바로 발휘하게 됩니다.

제2장

정체성

1. 정체성(identity: 正體性)이
왜(why) 중요한가?

정체성[6]이 왜 중요합니까? '내가 무엇을 먹고 무슨 옷을 입었는가, 내가 무슨 일을 했는가'보다 '내'가 먼저 있기 때문입니다. 나라는 존재가 없는데 입는 옷이나 내가 하는 일들이 무슨 소용이 있습니까? 모든 것은 내가 있고 난 다음 이야기입니다. 그래서 나는 누구인가를 가르치는 정체성이 우선 중요하다는 것입니다.

그리스의 여행담 작가인 파우사니아스에 따르면 그리스의 델포이의 아폴론 신전의 프로나오스(앞마당)에 새겨져 있는 글 중에 "너 자신을 알라(그리스어: γνῶθι σεαυτόν 그노티 세아우톤)"는 글이 있다고 합니다.

"나는 누구인가?"

세상의 모든 문제의 원인은 근본적으로 여기에서부터 시

---

6 정체성(正體性, identity). 사람이 건강하고 행복하게 살기 위해서는 세 가지가 건강해야 한다. 그 세 가지는 올바른 생각과 확실한 정체성(나는 누구인가?)과 분명한 비전(어떻게 살아야 하나)이다. 정리하면 먼저 올바른 생각을 가져야 하고 정체성을 확실하게 세우고 그다음 분명한 비전을 갖고 살아야 한다는 것이다.

하나님의 비전 이야기

작이 되는 것입니다.

한 집에 가장이 자기의 정체성을 모르고 살면, 가정이 잘 못되고, 나라의 지도자가, 자기의 정체성을 모르면 나라가 잘못되고 백성들이 고생을 하게 됩니다. 정체성을 바로 알아야 각자 자기의 올바른 위치에서 본분을 다하게 되고 따라서 본인과 타인이 행복해지는 것입니다. 인간이 자기를 아는 것만큼 중요한 것은 없습니다.

정체성은 건물의 기초와 같아서 정체성이 튼튼하고 확실해야 나머지 것들이 튼튼하고 안전해집니다. 기초가 흔들리면 아무리 비싸고 좋은 재료나 아름다운 장식을 해도 소용이 없습니다. "돼지가 양복 입었다"고 돼지가 아닙니까. 돼지는 무얼 해도 돼지입니다. 왜 그럴까요? 정체성이 돼지이기 때문입니다. 사람이 정체성을 바로 알아야 사람의 가치를 알고 자기 위치를 알고 살 수 있는데, 그렇게 사는 것이 생각보다 쉽지 않습니다. 이외로 사람들이 자기를 비하하고 열등감에 빠져 살거나 교만하여 남을 무시하고 자만에 빠져 살고 있습니다. 정체성을 모르기 때문입니다.

정체성은 사람의 가치와 본질과 위치를 알려 줍니다. 그러므로 정체성을 깨닫고 살아야 사람답게 제대로 살게 되는 것입니다.

예를 들면 해적선의 해적이 있는데, 이 해적이 아무리 공부를 많이 했고 아는 것이 많고 돈을 많이 갖고 있고 착한 일을 많이 했어도 항상 불안하고 행복하지 못합니다. 왜 그럴까요? 해적이기 때문입니다. 그동안 바다에서 수많은 배를 약탈하고 사람들을 죽였기 때문입니다. 그 해적이 해적선에서 동료 해적을 위해서 대신 보초도 서 주고 동료가 아팠을 때, 약을 먹이고 좋은 일을 많이 했어도 전혀 도움이 안 되는 이유가 그가 해적이기 때문입니다. 그의 정체성이 바뀌지 않고 해적으로 사는 한, 그는 항상 불안하고 행복하지 못하게 됩니다.

며칠 후에 사형을 당하는 사형수가 있는데, 그가 아무리 많은 돈을 갖고 있고, 지식이 많고, 잘생겼어도 그는 전혀 기쁘지 않고, 행복하지 않습니다. 왜 그럴까요? 그의 정체성이 사형수이고 곧 죽게 되기 때문입니다. 정체성이 먼저 바뀌어야 합니다.

사람들이 먼저 정체성을 바로 세우려 하지 않고, 어떻게 하면 돈을 많이 벌까, 어떻게 하면 건강하고 오래 살 것인가, 부귀영화를 누릴 것인가에만 관심을 갖고 살기 때문에 원하는 것을 얻어도 행복하지 못한 것입니다.

2. 정체성은 무엇인가?

   정체성이란 다른 말로 하면 "사람은 어떤 존재인가?"를 말하는데, 쉬운 문제가 아닙니다. 정체성이 워낙 중요하기 때문에 거기에 대한 책들도 많고 여러 학자들의 견해도 다양합니다.

   (국어 사전)

   변하지 아니하는 존재의 본질을 깨닫는 성질. 또는 그 성질을 가진 독립적 존재.

   (정신 분석 용어 사전)

   자신 내부에서 일관된 동일성을 유지하는 것과 다른 사람과의 어떤 본질적인 특성을 지속적으로 공유하는 것 모두를 의미한다. (Erikson, 1956, p. 57)

   (아이브 원장)

   사람은 세상의 어떤 것으로도 비교될 수 없는 소중한 가치를 지닌 존재로 태어났다는 것은 변할 수 없는 절대 가치의 기준이다. 그러나 살아가면서 비교 문화에 영향을 받아서 자신의 소중함을 잃어버리고 자신의 정체성의 절대 가치를 다른 대상에서 찾으려고 방황하면서 인생을 낭비하는 것이다.

안정된 정체감을 형성하기 위해서 신체적 성적 성숙, 추상적 사고 능력의 발달, 정서적 안정이 선행되어야 하며 동시에 부모나 또래 집단의 영향으로부터 어느 정도 자유로울 수 있어야 한다.

영국의 문화 이론가 스튜어트 홀(Stuart Hall, 1932~2014)은 1996년에 출간된 논문집에서 "최근 몇 년 동안 '정체성'이라는 개념을 둘러싼 담론이 폭발했다"고 썼습니다.

지그문트 바우만(Zygmunt Bauman)은 『방황하는 개인들의 사회』(2001)에서 "그로부터 몇 년이 흐르는 동안 정체성 담론은 쇄도했으며, 현대의 삶의 측면들 가운데 철학자, 사회과학자, 심리학자들로부터 이 정도의 관심을 끄는 것은 없었다고 했습니다. 정체성은 중요한 문제입니다.

정체성(正體性, identity)이란 존재의 본질 또는 이를 규명하는 성질입니다.

어떤 사람이 전철 안에서 오랜만에 고등학교 동창생을 만났는데, "지금 어디 있어?"라고 물었습니다. 어떤 대답이 정상입니까. "나? 지금 전철 안에 있어."가 맞는 답입니까? 아니면 지금 근무하고 있는 직장을 말하며 "나는 지금 서울 시청에 있어."라고 대답하는 것이 맞는 말입니까?

이와 같이 '나는 누구인가'라는 질문도 내가 학생인지 회사원인지 과학자인지 누구 자녀인지를 묻는 것이 아니라, "사람의 본질"을 묻는 것입니다.

어떤 사람이 학생인 것이나 회사원인 것은 시간이 지나면 바뀝니다. 그 사람이 무슨 큰일을 하고 유명하다고 해도 그 사람보다 더 큰일을 하고 더 유명하고 훌륭한 사람이 나타나면 그 사람은 어디에 있는 것입니까? 나라는 정체성은 시간이 지나고 환경이 달라져도 전혀 변하지 않는 세상에 단 하나밖에 없는 바로 나 자신을 말합니다.

예를 들면 옛날에 스마트폰이 없던 시절에 어떤 시골 노인이 도시에 사는 아들네 집을 찾아왔으나 주소를 잃어버려서 동네 근처에서 당황해서 머뭇거리며 있었는데, 길 가던 사람이 왜 그러냐고 물었습니다.

노인이 작년에 왔던 아들네 집을 찾는데 집 주소를 잃어

버렸다고 하면서 작년에 왔을 때, 아들네 집 지붕 위에 까치가 한 마리 앉아 있었는데 지금 까치가 앉아 있는 지붕을 찾는 중이라고 했습니다.

작년 까치는 날아갔습니다. 시간이 가고 환경이 바뀌면 상황이 바뀌게 됩니다. 정체성은 시간이나 환경이 바뀌고 직업이 바뀌어도 바뀌지 않는 언제나 변함없는 그 사람의 본질을 말하는 것입니다.

옛날에 양반 상놈 시절에 상놈 신분으로 살던 사람이 일천 량을 들여 양반 신분을 사서 양반이 되었습니다. 양반이 되고 보니 불편한 것이 한두 가지가 아니었습니다. 상놈 때처럼 빨리 걷거나 뛸 수도 없고 말도 천천히 해야 되고 더워도 옛날처럼 웃통을 마음대로 벗을 수도 없었습니다. 이렇게 한두 달을 견디다가 도저히 더 버틸 수가 없어 여름에 물가를 지나다가 웃통을 벗어젖히고 물로 뛰어들며 양반 안 하겠다고 했다는 이야기가 있습니다.

행복은 환경의 변화가 아닌 정체성에서 나오는 것입니다.

사람이 행복하게 살려면 정체성을 깨닫고, 의미 있고 보람 있는 일을 해야 합니다.

하나님의 비전 이야기

존재 목적을 아는 것이 바로 정체성입니다. 여기 물컵이 있는데 물컵이 무엇인지 어디에 쓰는 건지 모르고 축구공처럼 발로 차고 굴린다면, 물컵이 아무리 비싸고 모양이 예쁘게 생겼어도 불행해집니다. 또 만일 고양이가 자신을 쥐로 알고 살면 세상이 얼마나 웃기겠습니까, 사람들이 지금 세상이 웃기게 돌아간다고 하는데, 이래서 그런 것입니다.

이와 같이 물건이나 동물도 정체성을 알지 못하고 올바로 쓰이지 못하면 이상한데, 만물의 영장이라는 사람이 정체성을 모르고 사는 것이 큰 문제입니다.

3. 사람의 정체성 (正體性, identity)

　나는 누구인가 하는 이 질문은 나의 외모를 말하는 것이 아니라 본질적인 나의 정체성을 말하는 것입니다. 그 누구도 간섭할 수 없고 함부로 할 수 없는 나를 말하는 것입니다. 나는 마음 먹기에 따라 위대한 사람이 될 수도 있고, 동물과 같은 존재도 되는 것입니다.

　정체성은 세 가지를 알려 줍니다.

1) 사람의 가치를 알려 줍니다

　왜 만물의 영장이라는 사람이 함부로 살고 자신을 학대하거나, 또는 다른 사람들을 해치는 일을 할까요? 사람의 가치를 모르기 때문입니다. 왜 사람의 가치를 모릅니까? 정체성을 모르기 때문입니다.

　황금찬 시인은 그의 시집에서 '우주는 내 마음에 있다'라

　　　　　　　　　　　　하나님의 비전 이야기

고 했습니다.

나는 누구입니까? 사람은 어떤 존재입니까?

우리 모두는 보물입니다.

옛날에 우표 수집이 한참 유행할 때 당시 발행가로 몇 푼 안 되는 우표가 몇 백 배의 가격으로 거래되었는데, 그 우표가 바로 1902년에 발행된 우리나라 최초의 기념 우표인 '고종황제 어극 40년 경축' 기념 우표였습니다. 이 우표는 부르는 게 값이었습니다. 왜냐하면 남은 것이 별로 없었기 때문입니다. 진짜 보물은 하나밖에 없는 것입니다. 그러므로 나는 '보물'입니다.

나는 세상에 단 하나밖에 없는 존재입니다. 보물의 가치는 변하지 않습니다.

시간이 지나도 나라가 바뀌어도 계절이 달라져도 보물은 여전히 보물인 것입니다.

예를 들어 보겠습니다. 여기 5만 원짜리 지폐가 한 장 있는데, 이 지폐가 땅바닥에 떨어지면 얼마짜립니까? (5만 원입니다.)

이 5만 원짜리를 구겨서 땅바닥에 버리면 얼마입니까? (5만원~)

그러면 이 5만 원짜리 지폐에 더러운 얼룩이 묻으면 얼마입니까? (5만 원~)

그렇습니다. 구겨져도, 땅바닥에 떨어져도, 심지어 더러운 얼룩이 묻고 찢어져도 이것은 여전히 5만 원입니다. 5만 원짜리의 가치는 구겨지고 밟힌다고 변하는 것이 아닙니다. 당신은 지구상에 단 하나밖에 없는, 소중한 보물입니다. 환경이 어렵고 힘들어도, 사람들이 무시해도 여전히 당신은 변함없이 소중한 보물입니다.

미국 TV에 "말 한마디로 250억을 받은 남자"라는 프로에 나온 내용입니다.

다음은 1969년에 미국 네이버후드(지역 사회의 자원, 독창성, 창의성을 바탕으로 학교, 비영리 단체, 기타 관련 조직 간의 연계를 통해 아동 및 청소년을 지원하는 프로그램) 성장을 위해 네이버후드 진행자인 '프레드 로저스'가 미국 상원 상무위원회에서 자금을 요청하면서 대화한 내용입니다. 로저스는 이 말로 위원회 위원들을 감동시키고 250억 지원금을 받았습니다.

그는 어린이들을 위한 자작곡 가사를 아래와 같이 소개하여서 위원들의 마음을 움직였습니다.

하나님의 비전 이야기

"화가 나면 어떻게 하나요. 소리를 지르나요, 벽을 주먹으로 때리나요? 막 달리나요. 멈추는 것은 좋은 것입니다. 잘못된 것을 멈추는 것은 좋은 것입니다. 잘못된 행동을 계획하는 것을 멈추는 것은 좋은 일입니다. 대신 다른 것을 하는 것은 좋은 것입니다."

그리고 이렇게 가사를 이어 갔습니다.

"나는 내가 원할 때 멈출 수 있습니다.

멈춰! 멈춰! 멈춰! 나는 내가 원할 때, 언제든 멈출 수 있습니다. 멈출 때 멈출 수 있는 것은 얼마나 기분이 좋은 일인가. 내가 내 감정의 주인이 되는 것은 얼마나 기분이 좋은 일인가. 내 안의 깊은 곳에 원하는 내가 되도록 돕는 것이 있는 것을 아시나요. 내가 좋아하는 것은 너야, 네가 입은 옷을 좋아하는 것이 아니야. 너의 머리 스타일도 아니야, 나는 네가 좋아.너의 모습 그대로 네 안의 깊숙한 곳에 있는 네가 좋아. 네가 숨기고 있는 것을 좋아하는 것이 아니야. 네 장난감이 아니야. 장난감은 네 옆에 있을 때뿐이야. 네가 좋아! 너의 모든 부분이 좋아. 너의 피부, 너의 눈, 너의 감정이 좋아. 오래되었든 새것이 되었든 이것만은 기억해 주면 좋겠어. 기분이 우울할 때에도 너를 좋아한다는 것을. 너 자신을 좋아한다는 것을. 너를 좋아한다는 거야. 내가 좋아하는 것은 너야. 이건 진심이야!"

나는 내 스스로가 인정하고 믿는 만큼 가능성을 지닌 존재입니다.

할 수 있다고 믿으면 할 수 있게 되고 놀라운 기적을 만들 수 있습니다.

2022년 7월 19일, 미국 오리건주에서 열렸던 세계육상선수권 대회에서 대한민국의 우상혁 선수가 2m 35cm의 기록으로 사상 최초 은메달을 획득하였습니다. 우상혁 선수를 지도했던 김도균 코치는 그에게 항상 "너는 세계적인 선수가 될 수 있다."라는 말을 했다고 합니다. 우상혁 선수는 이 말을 믿었으며, 항상 주문처럼 "이번이 최고입니다. 이번에 넘을 수 있습니다."라고 했습니다.

슬럼프 중에도 이 말을 항상 되뇌었습니다. 그리고 결국 이번에 자신의 최고 기록을 넘어 2m 35cm를 뛰어 은메달을 목에 걸었습니다.

우상혁 선수는 8살 때 교통사고를 겪은 뒤 그 후유증으로 왼발보다 오른발이 15mm 정도 작아서 다른 선수들보다 균형감을 잡는 훈련을 더 많이 해야 했다고 합니다. 짝발로 인해 기존 육상 인사들 중에 그에게 대놓고 너는 안 될 거라는 부정적인 말들을 하는 이들이 있었는데, 특히 그중 한국 신기록을 보유한 사람이 그런 말을 해서 우상혁 선수는 그 사람의 기록을 깨고 싶었고, 또 결국에는 자기가 된다, 해낼 수 있다는 것을 증명해 내서 뿌듯하다고 했습니다.

자기의 약점이 아닌 장점에 집중하고 그것을 가지고 바라보며 전진하는 사람은 반드시 꿈을 이루게 됩니다.

수경 재배법에서는 물에 영양분을 가득 넣어 뿌리를 내리게 하는데 토마토 한 줄기에서 무려 만 개의 토마토 열매를 딸 수 있다고 합니다. 물속에서는 자유롭게 뻗어 나갈 수 있고, 양분도 충분히 섭취할 수 있기 때문에 토마토는 숨은 능력을 발휘하게 되어 그렇게 많은 열매를 맺는 것입니다. 인간도 마찬가지로 그 사람이 가장 좋아하는 것이 무엇인지, 다시 말해서 그 사람이 가장 가슴 두근거리며 할 수 있는 일이 무엇인지를 찾아 마음껏 하게 해 주게 하면 그 사람의 능력은 꽃을 피우게 됩니다.

2) 정체성은 사람의 본질을 알려 줍니다

① 나(사람)는 하나이면서 둘이다

지금의 나와 십 년 전의 나는 누가 진짜 나입니까? 지금의 내가 진짜입니까? 그러면 전의 나는 가짜였습니까? 그때의 감정과 생각은 누구의 것입니까? 나의 것입니다. 그런데 지금의 나의 감정과 기분과 왜 다른 것입니까? 그리고 지금의 나와 미래의 나는 누가 나입니까?

어제의 내가 오늘의 나를 만들었으며, 또한 오늘의 나는 내일의 나를 만들 것입니다. 어제의 나와 오늘의 나, 그리고 미래의 나는 다 나입니다. 중요한 것은 시간이나 환경에 관계없이 여전히 있는 나입니다. 즉, 나의 본질적인 나입니다. 이 나는 직업이 바뀌고 환경이 바뀌고 시간이 바뀌어도 변하지 않는 본질적인 나입니다. 이게 정체성입니다. 본질적인 나를 모르거나 바로 세우지 못하고 살게 되면, 과거의 상처로 인해 현재를 불행하게 살거나, 아니면 미래의 망상에 빠져 현재에 성실치 못한 삶을 살므로 인생을 낭비하게 됩니다. 그래서 정체성 즉 본질적인 진짜인 나를 알고 살아야 행복한 인생을 살게 됩니다.

나는 누구이며 내 안의 내 마음은 누구입니까? 나는 왜 내 뜻대로 안 되는 것입니까? 왜 나는 원치 않는 행동을 하는 것입니까? 사람들이 실수를 하고 후회를 하면서 이런 말들을 합니다. "내가 왜 그런 말을 했는지 모르겠어. 미쳤나 봐.", "나도 모르게 그런 일을 저질렀어." 나는 안 그러려고 했는데, 그런 행동을 했다는 것입니다. 이런 말을 하는 이유가 무엇일까요? 내 안에 또다른 내가 있기 때문입니다. 나는 하나이면서 동시에 둘입니다.

구약 성경 시편 42장 11절에 이런 말이 있습니다.

> "내 영혼아 네가 어찌하여 낙망하며, 어찌하여 내 속에서 불안하여 하는가? 너는 하나님을 바라라. 나는 내 얼굴을 도우시는 내 하나님을 오히려 찬송하리로다."

사람에게는 내 안에 또 하나의 나가 있다는 것입니다.

나와 나는 다른 사람이며, 하나입니다. 또한 뗄 수 없는 관계입니다. 둘이면서 하나입니다. 하나이면서 둘입니다. 나는 또 하나인 나를 객관적으로 소중한 존재로 인격적으로 대해야 합니다. 나는 나에게 영향을 주고, 또 나는 나로부터 엄청난 영향을 받습니다.

이와 같이 나는 하나이면서 둘이고, 또 둘이면서 하나입니다. 예를 들자면 여기 달걀이 있습니다. 달걀은 껍질과 속이 있습니다. 그러면 껍질이 달걀인가요. 아니면 속 알이 달걀인가요. 껍질과 속 알, 둘 다 달걀입니다. 이처럼 달걀은 둘이면서 하나고, 하나이면서 둘입니다. 둘 다 중요하고 필요합니다. 껍질이 없으면 속은 보존할 수 없고, 속이 없으면 껍질은 존재 의미가 없습니다. 또 껍질이 튼튼해야 속이 안전하게 보존이 됩니다.

한 번 더 예를 들자면 나무로 설명해 보겠습니다. 나무는 눈에 보이는 나뭇가지가 있고, 눈에 안 보이는 뿌리가 있습니다. 어디가 나무입니까? 보이는 나뭇가지입니까, 아니면 안 보이는 뿌리입니까? 둘 다 나무입니다. 그러나 역할이 다릅니다. 나무는 뿌리가 있어야 생명을 유지할 수 있게 되고 열매를 얻을 수 있습니다. 또한 나뭇가지와 잎을 통하여 뿌리는 생명을 유지합니다. 이와 같이 나무는 눈에 보이는 것과 안 보이는 두 개로 되어 있지만 실상은 하나입니다. 또 하나이면서 둘입니다. 사람도 마찬가지로 하나이면서 동시에 둘입니다. 또 둘이면서 하나입니다.

눈에 보이는 겉 사람이 있으며 눈에 안 보이는 속 사람이 있습니다. 그리고 속에 있는 속 사람에 의해서 겉 사람이 영향을 받기 때문에 속 사람이 튼튼해야 합니다.

나무 뿌리가 튼튼해야 나무가 튼튼하듯이 말입니다.

사람의 존재가 하나이면서 둘이고, 또한 둘이면서 하나라는 것을 미흡하지만 한 번 더 설명을 해 보겠습니다. 회사가 있습니다. 회사는 사장과 사원으로 구성이 됩니다. 사장이 없는 회사나 사원이 없는 회사는 있을 수 없습니다. 사장과 사원은 둘이면서 하나이고 하나이면서 동시에 둘입니다. 뗄 수 없는 관계입니다. 사장이 잘되어야 사원이 잘되고 사원이 잘되어야 사장이 잘되고 사장과 사원 모두가 잘되어야 그 회사가 잘되는 것입니다. 이렇게 나와 내 안의 나는 하나이면서 동시에 둘이며, 둘이면서 하나입니다.

여기서 나를 갑이라고 하고 내 안의 나를 을이라고 해 보겠습니다. 갑이 을을 내 몸과 같이 아끼고 사랑하면 행복합니다. 그런데 갑이 을을 무시하고 함부로 하게 되면 을이 상처를 받게 되고, 이렇게 되면 갑과 을이 함께 불행하게 되고 결국 나는 불행하게 되는 것입니다.

의외로 많은 사람들이 자기 자신과의 관계가 좋지 않습니다. 다른 사람들에게는 잘하면서 자기는 학대하고 무시하고 살아갑니다. 자기가 누구인지, 얼마나 소중하고 대단한 존재인지를 모르기 때문에 자기를 소홀히 하고 함부로 하고 학대하며 사는 것입니다. 자기와의 관계가 안 좋은 이유는 정체성이 잘못되었기 때문입니다.

② 나를 용서하고 사랑하라

어떤 사람에게 20대의 조카딸이 하나 있었는데, 어느 날, 조카딸이 잠옷 바람에 맨발로 칼을 들고 밖으로 뛰쳐나가며 누가 자기를 죽이려고 한다고 소리를 질렀습니다. 그래서 정신과 의사, 용하다는 무당을 찾아다니며 조카딸을 고쳐 보려고 했지만 고치지 못하고 있다가 어느 유명한 상담사를 만나게 되었습니다. 상담을 하면서 그동안 조카딸이 직장에서 여러 명의 남자들에게 폭행을 당해 왔다는 것이 밝혀졌습니다. 상담을 받으면서 그들을 모두 용서하고 해결하였지만 밤마다 뛰쳐나가는 것은 해결되지 않았습니다. 이상하게 여긴 상담사는 조카딸에게 물었습니다. "혹시 죽이고 싶도록 아직도 용서하지 못한 사람이 있나요?" 그러자 조카딸은 한 사람이 있다고 대답했습니다. 누구냐고 하니 그 사람은 바로 자신이라고 하며 펑펑 울었습니다. 조카딸은 그동안 자기를 증오하고 미워하고 살았던 것을 뉘우치고 자기를 사랑하게 되었고, 그날 이후 건강을 회복하게 되었습니다.

"내 안의 나도 인격이다."

내가 내 안의 나를 인격적으로 대우해 주고 존중해야 합니다. 내 안의 내가 행복해야 내가 행복하게 됩니다. 내 안의 나도 한 인격임을 알고 소중히 여기고 사랑해야 합니다.

하나님의 비전 이야기

③ 나와 너의 관계

정체성 문제와 관련하여 중요한 것이 남아 있습니다. 내가 상대하는 타인인 '너'와의 문제입니다. 내가 상대하는 '너'는 누구인가? 내가 인격인 것처럼 '너'도 인격입니다. 공동체에서 우리는 날마다 '나와 너'의 관계를 맺고 살아가는데, 이 관계가 바로 되면 행복해지지만 이 관계가 잘못되면 불행해집니다.

나와 너는 다 인격인데 많은 사람들이 '너'를 너로 생각하지 않고 '그것'으로 생각하고 대합니다. '그것'은 생명이 없는 비인격체를 말합니다. 상대방을 존중하고 인격으로 대하지 않고 '그것'으로 대하고, 이용하기 때문에 관계가 안 되는 것입니다. 내가 상대방을 '너'가 아닌 '그것'으로 대하면 상대방에게 나도 '그것'으로 취급을 받게 됩니다. '뿌린 대로 거두게 됩니다.'

어린아이라도 사람이 자기를 진심으로 사랑하는지 아니면 형식적으로 겉으로만 사랑하는지를 본능적으로 압니다. 상대방을 진정한 인격으로 '너'로 대하면 상대방도 '나'를 인격으로 존중하고 원만한 관계가 형성이 됩니다. '나와 너'의 관계로 서로 사랑하고 인격적으로 존중하고 살면 행복하지만 '나와 그것'의 관계로 살면 불행하게 됩니다.

어떻게 나(정체성)를 바로 세울 것인가?

닉은 양팔과 한쪽 다리가 없이 한쪽에 발가락이 두 개 달려 있는 아주 짧은 발만 가지고 태어났습니다. 그러나 그는 대학도 갔고, 회계학과 재무 관리 복수 전공까지 했으며, 결혼을 하고 사랑스러운 아이도 낳아 아름다운 가정을 이루었습니다. 그리고 수많은 나라를 다니며 1,500번의 강연을 했습니다. 닉은 말했습니다. "희망을 볼 수 없다고 희망이 없는 것은 아닙니다. 여러분이 포기하기 전까지 희망은 여전히 여러분 앞에 있습니다. 그러니 포기하지 마십시오, 절대로!"

또 그는 자신은 아주 중요한 두 가지를 알고 있다고 말합니다.

"첫째, 저는 제 가치를 압니다. 그 가치는 내가 어떻게 생겼는지, 어느 대학에 갔는지, 성적이 몇 점인지에 근거한 것이 아닙니다."

"두 번째는 제가 이 세상에 온 목적을 알고 있습니다. 우리에게는 선택권이 있습니다. 자신의 처지에 실망하고 쓰라린

　　　　　　　　　　　　하나님의 비전 이야기

상처를 부여잡고 분노하기로 작정하거나 장애와 상처에 맞서서 꿋꿋이 전진하는 쪽을 택할 수도 있습니다. (바닥에 엎어진 뒤) 보입니까? 제가 무슨 수로 다시 일어날 수 있겠습니까? 만약 내가 일어나고자 백번 시도했는데 백번 실패한다고 해서 나는 실패자가 아닙니다. 그러나 내가 포기하는 순간 끝나는 것입니다. 절대로 꿈을 잃지 마십시오."

닉은 고백하기를 어렸을 때 너무 힘들어 극단적인 선택을 생각했다고 합니다. 그러다 자기의 정체성을 깨닫고 자기의 비전을 발견하고 새로운 인생을 살게 되었다고 합니다.

3) 정체성은 사람의 위치를 알려 줍니다

모든 사물은 자기의 위치가 있으며, 자기 위치에 있어야 안전합니다. 군인이 전시에 자기 위치를 벗어나면 위험하고 죽을 수도 있습니다. 집에 있는 강아지가 산속에 있으면 짐승에 잡혀먹힙니다. 모든 것은 자기의 위치가 있으며 위치를 지켜야 안전합니다. 사람의 위치는 어디일까요? 동물과 신의 중간입니다. 사람이 사람의 위치를 알고, 살면 안전합니다. 만일 사람이 동물처럼 윤리 도덕을 모르고 살게 되면 자신도 남들도 불행하게 됩니다. 반대로 피조물인 인간이 신처럼 착각하고 세상을 지배하고, 사람들의 생명을 함부로 해치는 행동을 하면 큰 비극이 일어납니다.

수백만 명을 학살한 히틀러와 같이 인류의 재앙을 일으킵니다.

사람이 정체성을 깨닫고 최선을 다할 때, 신적인 위대함을 나타내고 인류에 놀라운 업적을 이루게 됩니다.

불굴의 의지로 불가능을 이긴 사람이 있습니다.

어네스트 섀클턴 경(Sir Ernest H.Shackleton,1874-1922)은 아일랜드의 킬케아 출신의 탐험가로 영국 BBC 방송이 선정한 지난 1,000년간의 최고 탐험가 10인에 들어, 크리스토퍼 콜럼버스, 제임스 쿡, 닐 암스트롱, 마르코 폴로에 이어 5위에 랭크된 인물입니다.

1914년 8월, 남극 대륙 횡단을 위해 출정 후, 1914년 12월 5일, 사우스조지아섬을 출발한 섀클턴과 27명의 대원들은 인듀어런스 호를 타고 남극 대륙을 향해 가던 중, 남극의 얼음 바다, 웨들해의 부빙(浮氷)들 사이에 갇혀 버렸습니다.

　　　　　　　　　　　　　　하나님의 비전 이야기

그 후 10개월 이상을 얼음 바다에 갇혀 남극 바다를 표류하다 1915년 11월 21일, 얼음덩어리들의 압력으로 서서히 배가 침몰하게 되어 섀클턴과 27명의 대원들은 배에서 탈출해서 5개월간을 얼음덩어리 위에서 버티다가 날이 풀려 부빙이 쪼개지게 되어 섀클턴은 대원들에게 3척의 구명보트로 올라타라고 지시했고, 그들은 5일 넘게 표류하다가 간신히 엘리펀트섬에 도착했습니다. 부인도인 엘리펀트섬에 텐트를 치고 펭귄들을 사냥해 식량을 충족했지만, 거센 바람에 텐트는 망가지고 펭귄들도 점점 줄어 추위와 굶주림이 심해져 더 이상은 버틸 수가 없는 상황이었습니다. 그러나 섀클턴은 포기하지 않고 모두를 살리겠다는 일념으로 5명의 대원과 함께 한 척의 구명보트를 타고 사우스조지아(South Georgia)섬으로 구조 요청을 위해 떠나게 됩니다. 풍랑이 거친 바다에서 길이 10m도 안 되는 작은 구명보트를 타고 약 1,290km에 달하는 죽음의 항해를 한 끝에 15일 만에 사우스조지아섬에 도착했습니다. 그러나 지독한 허리케인으로 출발 기지의 정반대편으로 가야 했던 그들은 기지가 있는 고래잡이 캠프까지 가려면 다시 만년설로 덮인 높은 얼음산을 넘어야 했습니다. 사람의 힘으로는 도저히 갈 수 없는 길이었지만 섀클턴은 포기하지 않고 2명의 대원을 데리고 험난한 길을 떠나 36시간 만인 1916년 5월 20일, 마침내 스트

롬니스에 있는 고래잡이 캠프에 도착해서 즉시 자신을 기다리는 대원들을 구조하는 작업을 시작해 3개월여 만에 예인선을 이끌고 엘리펀트섬에서 추위와 굶주림 속에서도 새클턴이 그들을 구하러 올 것이라는 믿음으로 사투를 벌이며 그를 기다리던 대원들을 1916년 8월 30일, 전원 모두 구조했습니다. '추위', '배고픔', '향수병' 그리고 무엇보다 '절망'과의 처절한 싸움에서 그들은 752일 만에 모두 살아서 돌아왔습니다.

새클턴의 전기를 보면 2명의 대원을 데리고 36시간의 길을 갈 때, 보이지 않는 한 분이 동행하심을 느꼈다는 대목이 나옵니다. 그분이 누구였겠습니까?

하나님의 비전 이야기

제3장

비전

2000년 아프리카의 말라위는 물 부족으로 농사를 제대로 지을 수 없어 사람들은 굶주리게 되었고, 급기야는 이웃끼리 서로 다른 집의 곡식을 뺏고 뺏기는 험악한 상황이 되었습니다. 가뭄은 계속되고, 옥수수 씨앗을 심어도 물이 없어 싹이 트지 못하고 죽었습니다. '마시탈라'라는 한 시골 마을에서 단돈 80달러가 없어 학교를 중퇴했던 14살의 윌리엄 캄쾀바는 '풍차'를 뜻하는 단어도 없던 말라위에서 풍차가 그려진 책을 읽으며, 풍차가 전기를 생산해 내고 펌프도 움직일 수 있다는 것을 알게 됩니다. 윌리엄은 자전거 헤드라이트가 켜지는 원리를 이용해 자동차의 버려진 배터리에서 전기를 얻어 작은 풍차를 돌리는 실험에 성공하게 되고, 아버지의 전 재산인 자전거를 이용해서 풍차를 만들고, 그 풍

차로 전기를 생산해 냈고, 그
전기가 펌프를 작동해 물을 퍼
올려 물이 배수로를 따라 옥수
수 씨앗을 심어 놓은 밭에까지
물을 옮기는 데 성공하게 됩니
다. 그 모습을 숨죽여 지켜보고 있던 윌리엄의 부모와 동네
사람들은 환호성을 지르며 서로 부둥켜안고 기뻐했습니다.
어린 소년의 비전이 조국을 구해 낸 것입니다.

윌리엄 캄쾀바의 14살 때 이야기입니다.

그는 20세에 탄자니아 아루샤에 지구촌의 미래를 고민하
고 논의하는 "TED Global 2007" 회의에서 강연했는데, 그는
다음과 같은 말을 했습니다.

"어떠한 열악한 환경과 절망적인 상황 속에서도 꿈을 꾸
고 그것을 위해 최선을 다한다면 기적은 일어난다."

비전은 사람의 정체성을 확실하게 하고, 사람의 능력을
극대화시킵니다. 비전의 사람은 다른 사람들을 끌어당기는
힘이 있습니다. 비전의 사람은 자연스럽게 리더가 됩니다.
사람들이 몰려들고 따르기 때문입니다. 역사적으로 비전의
한 사람이 한 나라와 민족을 살리는 일을 한 것을 알 수 있

습니다. 한 가정에 비전의 사람이 있으면 그 가정과 그 가문에 놀라운 변화와 소망이 생깁니다. 한 단체에 비전의 사람이 있으면 그 단체가 변하고 발전합니다. 비전은 영향력입니다.

사막을 여행하는 사람들이 있었습니다. 돈 많은 사람, 공부 많이 한 사람, 잘생긴 사람, 유명한 사람들입니다. 이들은 자기 자랑을 하면서 열심히 목적지를 향해 갔습니다. 그런데 시간이 지나면서 이들은 하나둘씩 다 쓰러지고 말았습니다. 왜 그랬을까요, 이유는 하나 물을 못 마셨기 때문입니다.

'비전'은 사람에게 물과 같습니다. 왜 사람들이 그렇게 원하는 돈이나 인기를 얻고도 불행할까요. '비전'이 없기 때문입니다.

하나님의 비전 이야기

1. 비전의 중요성

정체성이 "나는 누구인가?"를 가르친다고 하면, 비전은 "왜 살아야 하나, 어떻게 살아야 하나?"를 가르친다고 할 수 있습니다. 어릴 때, 뒷마당에 고염나무 한 그루가 있었는데 좋은 비료를 주고, 정성껏 가꾸어도 고염나무에는 고염만 열렸습니다. 그런데 고염나무에 감나무를 접붙이니 감이 열렸습니다. 고염나무의 가치가 변했습니다. 고염나무가 감나무와 만나 완전히 새로운 존재가 된 것입니다. 사람이 비전과 만나면 새로운 사람으로 변합니다. 환경은 그대로인데 생각이 바뀌고 보는 시각이 완전히 달라집니다. 그리고 인생이 바뀌게 됩니다. 세상에 의해 흔들리던 사람이 세상을 움직이는 사람이 됩니다.

대부분의 사람들은 일생 동안 자신에게 주어진 능력의 5% 미만밖에 사용하지 못하고 일생을 마친다고 합니다. 소수의 비전을 가진 사람들이 자기를 알고 나머지 95%의 잠재력을 개발하여 인류 역사에 놀라운 업적을 남기는 것입니다. 사람이 의미 없이 살다가 비전을 발견하게 되면 왜 살아야 하는지를 깨닫게 되고 어떻게 살아야 하는지를 알게 되고 따라서 제대로 살게 됩니다.

1) 비전이 왜 중요한가?

비전이 중요한 이유는 "비전이 없는 국가나 개인은 망한다"는 말이 사실이기 때문입니다.

미국의 경영 상담가인 켄 블랜차드가

"오늘날 미국의 기업 95%가 비전이 없다"라는 말을 했습니다. 그리고 그 기업들 전부 실패하고 있다는 것입니다. 비전이 없는 기업에서 일어난 사건들 중 하나가 얼마 전에 일어난 '폭스바겐' 사태입니다.

'딱정벌레'라는 별명의 차로 유명한 세계 최대 자동차 생산 회사인 독일의 폭스바겐 (Volkswagen) 사건입니다. 얼마 전, 이 회사가 자동차의 배출 가스 장치가 잘못된 것을 알면서도 소비자들에게 알리지 않고 속였다가 발각돼 그동안 쌓아 온 모든 것이 무너지고 말았습니다.

문제가 생겼을 때, 솔직하게 인정하고 해결을 했더라면 좋았을 텐데, 눈앞의 이익을 위해 소비자들을 속이는 바람에 오랜 세월 쌓아 올린 신뢰는 물론이고, 어마어마한 리콜 비용, 과징금, 소비자의 집단 소송에 따른 배상 등 거의 25조 원에 달하는 천문학적 손실을 입게 된 것입니다.

반대의 경우가 있습니다. 존슨 앤드 존슨 회사의 이야기입니다.

이 회사는 원래 제약 회사인데 1982년에 타이레놀 약병에 들어간 청산가리로 인해 고객이 사망한 사건이 있었을 때, 즉시 7천 5백만 달러(약 1,000억 원)를 들여 신속하게 제품을 회수하는 올바른 선택을 하였습니다. 단기적인 차원에서는 엄청난 손실이었지만, 장기적으로 보았을 때, 회사는 위기를 잘 넘겼을 뿐 아니라 오히려 더 튼튼하게 일어설 수 있게 되었습니다. 회사의 신뢰도가 올라가고 주식이 오르는 바람에 손해 배상금의 몇십 배 수익을 얻게 된 것입니다. 사건 당시, 회사 내에서는 고객이 사망한 도시의 물품만 회수하자는 사람도 있었을 것이고 그 사실을 아예 은폐하자고 건의한 사람도 있었을 테지만, 비전을 가지고 있는 이 회사는 정직한 가치관에 따라서 올바른 선택을 하였기 때문에 더 성장하는 성공한 기업이 된 것입니다.

이처럼 돈을 얼마나 많이 버는지, 빨리 성공하는가를 생각하기 전에 먼저 비전이 있는지를 생각하는 것이 중요합니다.

비전 없는 기업들의 문제보다 더 중요한 문제가 비전 없는 사람의 문제입니다. 기업은 사람이 운영하기 때문입니다. 기업의 책임자가 비전이 있는지 없는지가 결국 기업의 성패를 좌우하게 됩니다. 비전이 없으면 방향이 잘못되고 순위가 바뀌게 되고 목표가 잘못됩니다. 따라서 수단과 방법도 잘못되기 때문에 결국 망하게 됩니다.

아까 이야기한 것 같이 폭스바겐은 고객의 안전이 우선이 아니고 돈이 우선이기에 그런 엄청난 실수를 저지른 것입니다. 뒤에 얘기한 존슨앤존슨사는 돈보다는 사람의 생명을 우선했기 때문에 결국 성공하게 된 것입니다.

비전이 있느냐 없느냐가 금방 어떤 영향을 나타내지는 않아도 사간이 지나면 결국 결과가 나타나게 됩니다. 개인이나 기업이 "비전이 있는지 없는지?"를 생각하고 고민하며 살아야 성공적인 미래가 있는 것입니다.

"비전이 없는 국가나 개인은 망한다"는 말은 사실입니다.

하나님의 비전 이야기

2) 비전이란 무엇인가?

비전의 사전적인 뜻은 [vision]: 내다보이는 미래의 상황이라 하고 [秘傳]: 비밀히 전해 내려오는 것으로 되어 있습니다.

1647년에 세상에 나온 대단한 책이 있습니다. 이 책은 성경 이외에 인류 역사에 가장 오랜 기간(약 5년 6개월) 동안 가장 많은 학자들과 위원들(총 151명)이 모여 만든 책입니다. 바로 소요리문답이라는 책입니다. 이 소요리문답서에는 인생 전반에 대한 107개의 질문과 대답이 나오는데 가장 맨 앞에 첫번으로 나오는 질문이 바로 "사람의 제일 되는 목적이 무엇입니까?"라는 질문입니다. 말하자면 사람의 존재 목적과 삶의 의미를 묻는 것입니다.

일리노이 대학의 철학 교수 휴 무어헤드 박사[DR. Hugh Moorhead]는 세계의 저명한 철학자, 작가 그리고 학자 250명에게 이런 질문을 했습니다. "삶의 의미가 무엇입니까?" 놀랍게도 대부분의 응답자는 솔직히 잘 모르겠다고 했다는 것입니다. 보통 심각한 일이 아닙니다.

비전은 사람의 존재 목적과 삶의 의미를 깨닫게 하고 사람을 제대로 살게 합니다.

방금 언급한 그 놀라운 책 소요리문답의 첫 번째 질문이 인생의 제일 되는 목적이 무엇이냐는 질문이라고 했습니다.

그 놀라운 책은 이렇게 답변하고 있습니다.

"사람의 제일 되는 목적은 하나님을 영화롭게 하고 하나님으로 말미암아 영원토록 즐거워하는 것이다."

이 중요한 질문과 대답이 기록된 소요리문답이 세상에 나온 이후 얼마나 많은 사람들의 인생을 바꾸어 놓았는지 모릅니다. 또한 수많은 국가와 단체에 영향을 주었는지 모릅니다. 다시 한 번 생각해 봅시다.

하나의 책을 세상에 내놓는 데 151명의 학자들이, 그것도 약 5년 6개월 동안 매달렸다는 것이 이해가 됩니까? 그러나 이것은 사실입니다. 그런 놀라운 책이기에 지난 400년간 세상에 그런 엄청난 영향을 끼친 것입니다. 이 책에서 제일 처음으로 다룬 의제는 그렇기 때문에 권위가 있고 중요한 것입니다.

인간에게 최고 중요한 것은 인간을 창조하신 하나님을 영화롭게 하는 것, 즉 하나님의 영광을 나타내는 것이라는 말입니다.

하나님의 비전 이야기

빛의 상위 개념들이 있습니다. 처음을 반딧불이라고 한다면 그다음에는 호롱불, 촛불 그리고 전깃불로 말할 수 있습니다. 그리고 빛의 최상위는 태양 빛입니다. 밤에 온 세상을 밝히는 달빛도 태양을 통해 빛을 받아 세상의 어두운 밤을 밝히는 것입니다.

이와 같이 수많은 비전들도 거슬러 가 보면 그 근원의 원조와 뿌리를 만나게 되는데, 바로 하나님의 비전입니다.

빛의 근원이고 원천이 태양인 것처럼 비전의 근원은 바로 "하나님의 비전"입니다.

하나님의 비전은 모든 인간 비전의 근원이고 뿌리인 것입니다. 모든 비전은 여기에서 기인하고 이것을 근거로 비전의 정당성이 입증되는 것입니다. 말하자면 그것이 비전인 것이 맞는지 틀리는지의 기준이 된다는 것입니다. 바른 비전의 형태인 사회나 국가를 살리고 인간을 이롭게 하는 모든 비전의 뿌리와 원천이 "하나님의 비전"인 것입니다.

비전의 핵심은 살리는 것입니다.

그렇다면 하나님의 비전은 무엇입니까?

이 내용이 대단히 중요합니다. 하나님의 비전은 잃어버린 영혼을 찾고 살리는 것입니다. 하나님은 이 비전을 위해 모든 것을 바치셨습니다. 비전의 사람이 자기의 비전을 위해 시간과 물질을 바치고 일생을 바치고 삶 전체를 바치는 것이 여기에 근거한 것입니다.

하나님은 당신의 비전인 인간 구원을 위해 전부를 바치셨습니다. 당신의 생명보다 귀한 독생자 예수 그리스도까지 피 흘려 죽이셨습니다.

신약 성경 요한복음 3장 16절에 그 놀라운 말씀이 기록되어 있습니다.

"하나님이 세상을 이처럼 사랑하사 독생자를 주셨으니 이는 저를 믿는 자마다 멸망치 않고 영생을 얻게 하려 하심이니라"

하나님이 세상을 얼마나 사랑하시는지 사람을 얼마나 사랑하시면 독생자를 주신다는 것입니까. 독생자를 주셨다는 것은 사람을 위해 독생자를 죽이셨다는 것입니다.

사람이 여러 명의 자식이 있다고 해도 단 한 명도 남을 위해 죽이는 일은 있을 수도 없고 상상할 수도 없습니다. 더구나 아무 잘못도 없고 어떤 죄도 없는 외아들을 범죄한 인간들을 살리시기 위해 대신 죽이셨다는 것이 우리 인간의 사고로는 이해할 수도, 알 수도 없는 것입니다. 황송하지만 인간의 표현으로 하면 하나님은 사랑으로 미치신 것입니다.

나와 당신을 위해 죄 없는 당신의 독생자인 예수 그리스도를 그 끔찍한 십자가에서 피 흘려 죽이셨습니다. 이런 사실은 너무나 크고 엄청난 사실이기 때문에 머리로는 이해가 안 되기 때문에 믿어야만 알게 되는 영역인 것입니다. 백년을 가도 이해를 못 하는데 믿으면 그 놀라운 사랑을 깨닫게 됩니다.

하나님 사랑을 깨닫는 것을 은혜를 받았다고 하는 것이고, 그 깨닫게 하시는 분이 성령님이라고 하는 것입니다. 그래서 성령을 받았다는 것은 그 어떤 은사나 표적이나 신기한 현상보다도 하나님이 나 같은 죄인을 살리시기 위해 당신의 독생자이신 예수님을 십자가에서 죽이셨다는 것을 아는 것이고, 이게 성령 받은 가장 강력한 증거가 되는 것입니다.

잃어버린 영혼을 구원하기 위해 당신의 생명보다 소중한 죄 없으신 외아들을 죽이신 내용을 표현하는 것을 영어로는 GOSPEL, GOOD NEWS라고 합니다.

하나님의 비전은 인간을 구원하는 것이고 그 비전을 성취하기 위해 당신의 독생자를 도구로 쓰시고 죽이신 것입니다.

신학적으로는 이것을 Great mystery(큰 신비)라고 표현을 합니다. 하나님의 비전은 Great mystery입니다.

여기서 우리는 옷깃을 여미고 겸손하게 마음을 열고 생각을 해야 합니다. 하나님께서 우리를 얼마나 사랑하시면 우리를 얼마나 소중하게 생각을 하시면 우리를 위해 예수님을 죽인 것입니까?

그러므로 하나님께는 영혼 구원의 이 일이 최고로 중요한 일이시고 최고 관심사이시고, 이 일을 위해 기꺼이 당신의 생명을 바치신 예수님이 너무너무 귀하신 것입니다.

"하나님의 비전"이 바로 영혼 구원을 하시는 것이고, 하나님이 세상을 아직 유지를 시키시고 사람들의 생명을 지켜주시는 것은 이 비전을 위해서인 것입니다.

역사를 보면 하나님께서 이 일을 위해서는 하늘과 바다를 사용하시고 태양을 멈추게도 하시고 바다를 갈라지게도 하셨고 또는 시간을 거꾸로 돌리시기도 하신 것을 알 수 있습니다. 그런 의미에서 하나님은 무서운 분입니다.

하나님은 당신의 비전을 이루시기 위해서는 인간이 생각할 수 있는 모든 것들 그리고 우리의 상상을 초월하는 것들을 모두 하시는 분입니다.

따라서 지혜롭고 복된 자는 이 비전을 위해 올인 하는 사람입니다. 반대로 가장 어리석고 불쌍한 사람은 이 비전을

하나님의 비전 이야기

모르고 자기 마음대로 사는 사람들입니다.

우리는 이 글을 읽으면서 놓칠 수 없는 대단히 중요한 사실과 기회를 붙잡는 사람이 되는 것입니다. 그냥 하나의 이야기로 흘려보낼 수도 있고, 아니면 "하나님의 비전"에 동참하는 위대한 사람이 될 수도 있습니다. 선택은 여러분이 하는 것입니다. 모쪼록 후자를 선택하는 축복의 사람이 되시기를 바랍니다.

우리 하나님(성부, 성자, 성령)은 너무 좋으신 분입니다. 영원히 좋으신 분입니다.

마귀는 사기꾼입니다. 마귀는 거짓의 아비고 치사하고 더러운 존재입니다. 영원히 가망 없는 피조물입니다. 마귀는 타락한 천사장입니다. 성삼위 하나님의 피조물 중에 으뜸되는 존재로 극한 존귀의 자리에 최고의 복을 누렸으나 그는 하나님의 자리를 넘보는 교만으로 심판을 받고서 마귀가 되었습니다. 그는 타락한 후에 회개하는 대신 하나님을 대적하고 하나님의 사랑하시는 인간을 상대로 수단과 방법을 가리지 않고 속이고 착취하고 비참하게 만듦으로 하나님께 복수를 하고 있습니다.

하나님께서 당신의 형상을 따라 만드신 최초의 인간인 아담과 하와는 처음에 하나님과 교제를 하면서 참 행복하게 살았습니다. 그러다가 마귀의 유혹에 빠져 비참해졌습니다. 그렇게 사랑하며 아끼던 부부가 서로 책임 전가를 하며 아들들은 장자가 차자를 죽이는 일도 일어났으며, 이후 인류는 말할 수 없는 지옥과 같은 삶을 살게 되었습니다.

분명히 하나님은 아담과 이브에게 선악과를 따먹지 말고 죄를 짓지 말라고 하셨으며 죄를 지으면 죽을 것이라고 하셨습니다. 그런데 아담과 이브가 하나님의 말씀을 어기고 죄를 지은 것입니다. 그러니 당연히 아담과 이브는 지옥의 고통을 당하는 것이 마땅합니다. 그런데 문제는 하나님이 아담과 이브를 너무나 사랑하신다는 것입니다. 상상을 해본다면 하나님은 큰 슬픔에 빠지셨고 마귀는 하나님에 대한 복수심에 통쾌함을 누리면서 죄에 빠진 인간들을 자기의 종으로 삼아 온갖 죄로 유혹하여 비참하게 살게 하다가 하나둘씩 지옥으로 보내면서 하나님을 조롱하고 무시하였습니다. 인간들은 온갖 죄에 빠져 하루살이처럼 살다가 지옥으로 계속 떨어져 갔습니다.

이때 하나님의 비전이 가시화되기 시작했습니다. 사랑하는 인간을 죄에서 자유케 하고 마귀의 손에서 구하는 것입니다. 인간을 구원하시겠다는 "하나님의 비전"이 시작되었

하나님의 비전 이야기

습니다. 우리가 하나님을 말할 때 반드시 기억해야 할 것이 있습니다. 하나님은 무서운 분입니다. 사랑과 은혜가 무한하시고 자비로우신 분이시지만 무서운 분입니다. 한 번 마음을 먹고 한 번 말씀을 하시면 어떤 일이 있어도 반드시 영원히 실행하는 분입니다.

하나님은 마귀에게 포로가 된 인간을 구원하시기로 작정하셨습니다. 인간을 구원하시겠다는 "하나님의 비전"을 이루시기로 마음을 먹으셨습니다.

그런데 큰 문제가 생겼습니다. 마귀는 세상의 모든 것은 마다하고 단 하나의 조건으로 죄 없는 하나님의 독생자이신 예수님의 생명을 요구했습니다. 이건 도저히 수용할 수 없는 조건입니다. 하나님의 생명이신 독생자의 목숨을 요구하는 것입니다.

하나님이 얼마나 고뇌하시고 갈등하시고 참담한 마음이셨을까 인간의 생각으로는 상상도 할 수 없고 이해 불가능입니다. 그런데 놀랍게도 하나님은 그 조건을 받아들이기로 작정하셨습니다.

"하나님의 비전"을 이루시기 위해 당신의 생명보다 귀한 독생자 예수 그리스도를 십자가 죽음에 내놓으셨습니다.

"하나님이 세상을 이처럼 사랑하사 독생자를 주셨으니 이는 저를 믿는 자마다 멸망치 않고 영생을 얻게 하려 하심이

니라" [요한복음 3장 16절]

그리고 "하나님의 비전"을 이루셨습니다. 놀랍고 무섭지 않습니까?

하나님은 당신의 비전인 인간 구원을 위해서라면 당신의 아들까지 죽이시는 분임을 아는 순간 우리는 전율하지 않을 수 없는 것입니다. 아시다시피 마귀는 예수님의 십자가 죽음을 보면서 박수를 치고 좋아했지만 삼 일 후에 죽음에서 다시 사신 부활의 예수님을 보고 초죽음이 되고 좌절에 빠졌습니다. 완전히 이빨 빠진 사자가 되어 그 누구도 해칠 수 없는 무력한 존재가 된 것입니다. 십자가 사건으로 인류는 새 역사를 살게 되었습니다. 어떤 죄인도 어떤 죄도 예수를 믿기만 하면, 죄를 회개하면 용서를 받고 천국의 백성이 되었습니다. 심지어는 예수님과 함께 십자가에 달려 죽어 가던 한편 강도가 순간 예수님을 믿고 구원을 받아 천국을 들어가는 놀라운 일도 생겼습니다. 단 한 번도 교회를 가 본 일도 없고 교회가 뭔지도 모르고 물론 천원도 헌금하거나 한 번의 착한 일도 한 일이 없는 그 강도가 오직 예수님을 믿음으로 구원을 받은 것입니다. 이게 바로 "하나님의 비전"의 위대함이고 무서운 점입니다.

세상의 모든 비전은 다양하지만 공통적인 것이 있습니다. 세상의 비전은 비전의 원조이고 뿌리가 되는 "하나님의 비전"과 같이 모든 것을 살린다는 것과 반드시 포기하지 않으면 이루어진다는 것입니다. 그리고 하나님께 영광을 돌린다는 것입니다.

마귀는 "하나님의 비전"이 성취됨으로 이빨과 손발톱이 다 빠져 버리고 입만 살았습니다. 주님의 요새 밖에서 유리창 밖에서 입으로 혀로 거짓말과 보이스피싱으로 속이는 일을 하고 있습니다. 그나마 그런 자기의 시간도 얼마 남지 않았다는 것을 알고 필사적으로 핸드폰과 인터넷으로 보이스피싱을 하고 세상적인 육신적인 유혹으로 유리창 밖에서 유리창을 흔들면서 나오라고 유혹으로 거짓말을 하고 있습니다.

그래서 이제 우리의 싸움은 믿음의 싸움이고 말씀을 붙잡는 싸움입니다. 말씀이라는 마귀가 제일 두려워하는 무기를 가지고 나가야 하는 것입니다.

비전이 놀랍고 비전의 사람이 특별한 이유는 마치 태양빛을 받아 어둠을 밝히는 달과 별들처럼 하나님의 비전을 근거로 세상 사람들에게 비전을 알려 희망을 주고 용기를 주는 일을 한다는 것입니다. 말하자면 자기만을 위해 의미 없어 힘겹게 살아가는 사람들에게 삶의 의미를 깨닫고 제대로 보람 있는 삶을 살게 한다는 것입니다.

비전은 사람에게 삶의 목적과 의미를 부여해 줌으로 인생을 기쁘고 행복하게 살 수 있도록 합니다.

고린도전서 10장 31절에 "그런즉 너희가 먹든지 마시든지 무엇을 하든지 다 하나님의 영광을 위하여 하라"는 구절이 있습니다.

우리가 하는 모든 일들은 하나님의 비전과 연관이 됩니다. 비전은 본질적으로 살리는 것이고 남을 유익하게 하는 것이기 때문입니다. 그리고 비전은 자기가 좋아하고 잘하는 일이 되고 그 일이 아무리 어렵고 힘든 것일지라도 힘들지 않으며 오히려 즐겁고 시간과 재능과 물질을 아낌없이 다 바치고 자신의 모든 것을 바치는 것입니다. 그 결과, 자신은 물론 인류를 살리고 행복하게 하는 놀라운 신적인 결과를 내는 것입니다.

마치 태양 빛을 받아 어둠을 밝히는 달처럼 창조주 하나님의 영광을 나타내는 것입니다. 인간으로 태어나서 짧은 한 백년을 살다가 영원으로 가야 하는 인간에게 이처럼 가슴 벅차고 보람 있는 위대한 일이 이 밖에 어디 있겠습니까?

비전의 핵심은 살리는 것입니다.

비전의 모든 다양한 케이스들을 연구해 보면 모두가 살리는 결과로 나타납니다.

비전의 사람들이 나타나 국가를 살리고 사람들을 살리고

하나님의 비전 이야기

환경을 살리고 심지어는 동물들도 살리는 것을 보게 됩니다.

비전의 핵심은 살리는 것입니다.

비전은 사람에게 삶의 목적과 의미를 부여해 줌으로 인생을 기쁘고 행복하게 살 수 있도록 합니다.

필자는 한국비전연구소를 설립하고 16년간 비전 강의를 해 오면서 수많은 사람들이 변화되는 것을 보면서 비전이 대단한 것은 알았지만 비전의 뿌리가 어디인 것은 여기 병원에서 뇌경색으로 쓰러진 지 16개월 만에 알게 되었습니다. 큰 소득입니다.

사람이 맹목적으로 돈을 벌고 먹고 마시며 의미 없이 살다가 비전을 만나게 되면 가슴이 두근거리고 열정이 생기고 삶이 충만해집니다. 그야말로 먹고 자는 것도 잊어버릴 정도로 빠지게 되면서 힘들고 어려운 것들을 넉넉히 감당할 수 있게 됩니다. 제대로 살기 때문입니다.

사람이 삶의 의미를 깨닫고 인생의 목적을 따라 산다는 것은 대단히 중요하고 놀라운 일입니다. 다른 말로 하면 커다란 축복인 것입니다.

사람들이 세상의 부귀영화를 누리면서도 행복을 못 느끼고 불행하게 사는 이유가 바로 인생의 의미와 목적을 모르고 살기 때문입니다.

어느 강대국의 왕이 있었습니다.

세상에 부러운 것이 없이 원하는 모든 것을 누리고 살았지만 만족함이 없고 항상 마음이 불안하고 행복하지 못했습니다. 왕은 나라의 현자에게 행복을 얻을 수 있는 방법을 물었는데 현자가 말하기를 세상에서 가장 행복한 사람의 속옷을 입으면 행복할 것이라고 했습니다. 왕은 즉시 신하들을 시켜 세상에 나가 가장 행복한 사람의 속옷을 어떤 값을 치루고라도 가져오라고 명령하였습니다. 신하들은 세상으로 나가서 행복한 사람을 찾아 나섰으며 사람들이 알려 주는 대로 행복한 사람을 찾아갔는데 만나 보니 전부 행복한 것이 아니었습니다. 돈 많은 사람, 지식이 많은 사람, 절세미인과 사는 사람들을 만나 보았지만 이들은 한결같이 행복하지 않다고 말했습니다. 사람들의 눈에 행복해 보였을 뿐이지 실상은 보통 사람보다 더 문제가 많았습니다. 신하들이 오랫동안 행복한 사람을 못 찾고 실망해서 자기 나라로 돌아가다가 한 신하가 시골길에서 정말로 행복해 보이는 사람을 만났습니다. 그 사람은 허름한 옷을 입고 어깨에는 곡괭이를 메고 노래를 흥얼거리며 길을 가고 있었는데 천하에 걱정이 없어 보였습니다. 신하는 그에게 달려가 물었습니다.

"당신은 행복합니까?" 그 사람이 그렇다고 하니 신하가 다시 물었습니다. "정말 행복합니까?" 농부는 이상한 듯이 신

하나님의 비전 이야기

하를 쳐다보며 그렇다고 했습니다. 신하는 너무 기뻐서 말했습니다. "원하는 대로 돈을 줄 테니 당신의 속옷을 주시오." 그러자 농부가 난처한 얼굴로 말했습니다. "나는 가난해서 속옷을 못 입고 삽니다."

비전은 가장 나다운 모습으로, 진정한 자신의 삶을 살게 합니다.

우리 한국비전연구소에서 연구한 비전의 정의를 이야기하면 다음과 같습니다.

"비전은 인간을 가장 특별하게 재창조하는 위대한 영향력이다."

죄로 인하여 망가지고 훼손된 인간성을 새롭게, 생각과 마음을 바꾸어 새로운 사람으로 만든다는 것입니다. 이것이 재창조의 의미입니다.

부수적으로 "비전이란 자신이 꼭 해야 할 일이며, 잘하는 일이며, 자신에게 즐겁고 재미있는 일이며, 항상 생각나고 다른 사람들에게 유익을 주는 일이며, 본인이 행복한 일입니다." 또한 비전에는 미래의 계획과 희망, 사명 등의 의미가 포함되어 있습니다.

비전의 정의를 아는 것도 중요하지만 비전의 중요성을 알고 비전의 역할을 알아 비전을 따라 살도록 노력하는 것이 더 중요합니다.

어떤 시골 마을이 있었는데, 이곳은 인터넷도 안 되고 노래방 하나 없는 아주 외딴 곳이었는데도 마을 사람들은 행복해서 얼굴에 미소가 넘치고 작은 일에 감사하고 서로 사랑하며 살고 있었습니다. 어느 날, 도시에서 온 두 사람이 이 마을의 소문을 듣고 방문을 했는데, 보니 문화 시설도 없고 편의 시설도 없는 가난한 마을인데 사람들이 정말 행복한 모습으로 살고 있는 것입니다. 행복하게 사는 모습에 은근히 샘이 났던 두 사람이 하루는 동네 사람들을 모아 놓고 이렇게 말했습니다. "당신들은 정말 행복해 보이는데 행복이 무엇이라고 생각합니까? 진짜 행복하려면 행복이 무엇인지 알아야 하지 않겠소?" 동네 사람들은 살면서 그런 소리를 처음 듣는 것이라 아무 소리를 못 하고 있으니 나그네들이 계속 말하기를, "정말 행복하려면 행복이 무엇인지 알아야 합니다."라고 했습니다. 사람들이 그 말을 듣고 각자 자기들이 생각하는 행복에 대해 이것이다 저것이다 하다가 싸움이 일어나 결국 행복이 깨져 버렸다고 합니다.

행복이 무엇인지 아는 것보다 행복하게 사는 것이 중요한 것입니다. 군인이 총의 역사나 총이 어떻게 만들어지는지를 배우는 것도 중요하지만 더 중요한 것은 총을 어떻게 사용하는지 아는 것입니다. 그것이 군인들에게 목숨을 지킬 수 있는 방법이기 때문입니다. 이와 같이 비전을 발견하고 비전을 따라 사는 것이 중요합니다.

이제 비전의 역할에 대해 이야기하겠습니다.

2. 비전의 역할

먼저 정체성에 대해서 이야기했는데, 정체성은 "나는 누구인가?"를 가르친다고 했습니다. 내가 누구인지를 안 다음에 필요한 것이 "어떻게 살아야 하나?"인데, 비전은 여기에 대한 답이라고 할 수 있습니다. 비전은 삶의 방향과 방법을 가르쳐 줍니다.

1) 비전은 자기의 삶을 살게 한다

의외로 많은 사람들이 자기가 아닌 남의 생각대로 살아가고 있습니다. 남의 인생을 살고 있다는 말입니다. 서양 문화권에서보다 동양 문화권에서 이러한 현상이 심합니다.

예를 들어 짬뽕이 먹고 싶은데 다른 사람들이 짜장면을 시키면 함께 짜장면을 먹는다든지, 버스를 타고 가려다 친구가 전철로 가니까 그냥 전철로 함께 갑니다. 음식을 먹거나 어디 놀러 가는 일은 큰 문제가 안 되지만 인생에 있어 중대한 일에 자기 주관대로 못하게 되면 심각한 문제가 발생합니다.

어느 동네에 동네의 궂은일이란 궂은일은 도맡아 해 주는 희생적이고 헌신적인 좋은 사람이 있었습니다. 그런데 어느 날 갑자기 그가 극단적 선택을 하였습니다. 동네 사람들은 충격을 받았습니다. 항상 미소를 지으며 친절하고 헌신적인 그 사람이 설마 극단적 선택을 하리라고는 꿈에도 생각하지 못했기 때문입니다. 나중에 알게 된 사실이지만 이 사람은 사람들이 부탁하는 것을 절대 거절하지 못하는 성격이라 이미 지칠 대로 지친 상태인데도 끊임없이 불러대는 동네 사람들의 부탁을 모두 들어주다가 지쳐서 죽은 것입니다. 다른 사람을 위해서 열심히 봉사를 했지만 자기는 행복이 없고 기쁨이 없이 살다가 그 삶을 끝내 버린 것입니다. 의미없는 삶은 불행한 것입니다.

사람은 자기의 삶을 살 때 행복합니다.

어떤 사람이 독수리 새끼를 잡아와 닭장에 넣고 병아리들과 함께 키웠습니다. 새끼 독수리는 병아리들과 함께 당연히 자신을 병아리라고 생각하며 살았습니다. 그런데 시간이 지나면서 새끼 독수리에게는 닭이 되어 가는 병아리들과는 전혀 다른 특징들이 나타나기 시작했는데, 우선 발톱이나 부리가 달랐고, 날개의 모양이나 크기가 완전히 달랐습니다.

　　하루는 그곳을 지나던 사냥꾼이 "아니, 누가 독수리를 닭장에 넣어서 키우고 있네? 거참 별일일세."라고 말하며 독수리를 꺼내어 주려고 했습니다. 하지만 자신을 병아리였고, 비록 다른 병아리들보다 발톱과 부리가 굉장히 길고 날카롭고 날개도 굉장히 커졌지만 곧 자기도 멋진 닭이 될 거라고 믿었던 독수리 새끼는 몸부림을 치며 닭장으로 숨어 들어가 사냥꾼의 손길을 피했습니다.

　　그러던 어느 날, 닭장이 있는 마당 하늘에 독수리 한 마리가 나타났습니다. 새끼 독수리는 그 순간 형용할 수 없는 어떤 힘에 이끌려 힘차게 날개를 치며 위를 향해 날아오르기 시작했습니다. 닭들이 된 병아리들은 내려오라고 소리쳤지만 독수리는 하늘 높이 날아올랐습니다. 높이 오른 하늘에서 바라본 세상은 닭장 속에서는 상상조차 할 수 없을 만큼 넓고 멋졌습니다.

　　독수리에게는 말할 수 없는 만족감과 행복을 느끼는 놀라운 사건인 것입니다.

　　비전은 가장 나다운 모습으로, 진정한 자신의 삶을 살게 합니다.

2) 비전은 미래를 보게 하고
   올바른 방향으로 가게 한다

비전은 우리의 생각과 마음을 바로 잡아 주어 올바른 선택을 하게 합니다. 열심히 빨리 달리는 것이 중요한 것이 아니라 어디로 가는지가 중요합니다.

제가 아는 지인이 오래전에 장봉도라는 서해의 섬에서 동네 사람들과 손으로 노를 젓는 목선을 타고 한참을 가다가 북한으로 넘어갈 뻔했다는 말을 하면서 그때 만일 배가 모터배였다면 돌이킬 수 없는 일이 생겼을 거라고, 너무 아찔한 경험이었다고 했습니다.

속도보다는 방향이 더 중요합니다. 비전은 올바른 방향을 보여 주며 미래를 보여 줍니다.

3) 비전은 균형을 잡아 준다

사람들이 불행한 이유는 반쪽 성공을 하기 때문입니다. 예를 들어 돈 버는 일에는 성공하였는데 인간관계에 실패하게 되면 불행해집니다. 공부는 성공했는데 건강에 실패하면 소용이 없습니다. 인기와 명예를 얻었지만 가정에 실패하면 실패한 것입니다. 이처럼 한쪽에는 성공했어도 다른 쪽에 실패하면 다 실패한 것입니다. 큰 그림이 없는 것입니다.

큰 그림은 내가 지금 어디 있는지, 어디로 가고 있는지를 보여 줍니다. 일본 공익 광고에서 나온 이야기입니다. 어느 초등학교 미술 시간에 한 어린이가 이상한 그림을 그리고 있었습니다. 다른 어린이들은 모두 풍경이나 사물을 그리는데 이 어린이는 도화지에 까만 색깔만 열심히 칠하고 있는 것입니다. 한 장이 아니라 수십 장을 계속 그리는 것입니다. 걱정이 된 교사가 물어도 대답이 없이 계속 도화지에다가 까만 색깔을 칠합니다. 그래서 교사 회의를 하고 부모에게 알리고 나중에는 정신과 입원해서 치료를 받게 하였습니다. 그러다가 그 아이의 책상 서랍에서 퍼즐 그림을 발견한 교사가 무언가를 깨닫게 되고, 정신 병원으로 달려가 간호사와 함께 그 아이가 그린 까만 도화지들을 병원 강당에다 늘어놓고 보니 거대한 고래가 보이는 것이었습니다. 이 어린이는 처음부터 커다란 고래를 큰 그림으로 생각하고 수많은 도화지에 까만 칠을 하였던 것이었습니다.

비전은 큰 그림을 보게 하고 균형을 잡아 줍니다.

하나님의 비전 이야기

4) 비전은 나와 세상을 변화시킨다

비전은 사람의 정체성을 확실하게 하고, 사람의 능력을 극대화시킵니다. 비전의 사람은 다른 사람들을 끌어당기는 힘이 있습니다. 비전의 사람은 자연스럽게 리더가 됩니다. 사람들이 몰려들고 따르기 때문입니다. 역사적으로 비전의 한 사람이 한 나라와 민족을 살리는 일을 한 것을 알 수 있습니다. 한 가정에 비전의 사람이 있으면 그 가정과 그 가문에 놀라운 변화와 소망이 생깁니다. 한 단체에 비전의 사람이 있으면 그 단체가 변하고 발전합니다. 비전은 영향력입니다.

① 비전은 자기 자신을 바꿉니다.

남아프리카 공화국 최초의 흑인 대통령, 넬슨 만델라는 27년간 감옥에서 복역하고 난 후, 1993년 노벨평화상을 받았습니다. 그가 태어났을 때, 가족들은 만델라도 다른 아이들처럼 소몰이를 하며 살아가기를 바랐습니다.

그가 열두 살 때 아버지가 죽고 족장인 달린디예보가 그의 후견인이 되었고, 넬슨은 그의 영향을 받으면서 리더십에 눈을 뜨게 되었다고 합니다. 그는 "제가 처음으로 정치에 관심을 갖게 된 것은 어릴 때 부족의 장로님들이 마을에서 회의하는 이야기들을 들으면서였습니다. 그들은 선조들이 조국을 지키기 위해 어떻게 싸웠는지, 얼마나 용감하게 싸웠는지 말해 주었죠. 그때 나는 소원을 품고, 맹세했습니다. 내 인생에서 누릴 수 있는 기쁨은 내 민족을 섬기며 민족의 자유를 위한 투쟁에 나 자신을 바치는 것이 될 것이라고 했습니다."

비전은 비겁자를 용기 있는 자로 바꾸고, 무기력한 상태에서 능력의 사람으로 바꿉니다. 사람이 불이 붙는 것입니다. 불이 붙으면 그 자리에 그냥 있을 수 없습니다. 완전히 딴 사람처럼 되는 것입니다. 비전은 에너지를 집중하여 가장 중요한 곳에 초점을 맞추게 합니다. 방향을 알려 줍니다. 잠재 능력을 끌어냅니다. 전진하게 합니다. 비전을 갖게 되면 억지로, 마지못해 하는 생활이 사라지고, 자발적이고 능동적이 됩니다.

② 비전은 세상을 변화시킨다

비전의 사람은 다른 사람들을 끌어당기는 힘이 있습니다. 역사적으로 비전의 사람, 한 사람이 한 나라와 민족을 살리는 일을 한 것을 알 수 있습니다.

하나님의 비전 이야기

마틴 루터 킹은 여섯 살 때, 친하게 지내던 백인 친구가 어느 날 자기 아버지가 앞으로 함께 놀지 말라고 했다고 말했습니다. 마틴의 엄마는 마틴에게 네가 잘못해서 그러는 것이 아니라고 설명해 주면서 그래도 우리는 백인들을 사랑하고 그들에게 인간의 동등함을 알려 주어야 한다고 말했습니다.

1955년, 백인 전용 좌석 뒤편에 탄 흑인 청소부 여성이 나중에 탄 백인에게 자리를 양보하라는 운전사의 말을 듣지 않았다고 체포되며 흑인 폭동이 일어나게 되었는데, 27세의 마틴은 비폭력의 중요성을 말하며 백인들을 사랑으로 깨닫게 하자고 설득하였습니다. 거기 모인 흑인들은 그의 말을 듣고 손에 잡고 있던 총과 돌멩이 콜라 병을 내려놓았습니다. 1963년 8월 28일, 워싱턴DC 링컨기념관 앞에서 모인 군중들에게 루터 킹 목사는 "나에게 꿈이 있습니다! (I have a dream!) 언젠가는 조지아의 붉은 언덕에서 옛 노예들의 자손과 옛 노예주들의 자손이 함께 형제처럼 살게 되리라는 꿈입니다. 노력한다면, 흑인이든 백인이든, 유태인이든 그리스도교도이든, 개신교도이든 카톨릭교

도이든, 모든 사람들이 손을 잡고, "자유가 왔다! 자유가 왔다! 감사합니다!" 하고 외치는 날이 올 것입니다."라는 연설을 하였습니다.

마틴 루터 킹이 이 연설을 한 지 45년 만에 미국 건국 300여 년 역사 최초의 흑인 대통령이 나왔습니다.

아홉 살짜리 독일 소년 펠릭스 핑크바이너(Felix Finkbeiner)는 어느 날 TV에서 북극의 얼음이 녹아내려 북극곰들이 살 곳이 없어지고 있다는 것을 보게 되었는데, 펠릭스는 "엄마, 왜 북극의 빙하가 녹고 있는 거예요?"라고 물었으며, 엄마는 사람들이 환경을 오염시켜 산소를 만들어 주는 나무들이 죽기 때문이라고 하자 펠릭스는 "엄마, 그러면 전 세계 사람들이 나무를 한그루씩 심으면 되지 않을까요? 그렇게 9살 소년이 2007년에 시작한 나무 심기 운동이 3년 동안 독일 전역으로 서서히 번져나가 펠릭스와 아이들이 심은 나무가 무려 50만 그루가 되자 깜짝 놀란 어른들이 관심을 갖기 시작했습니다. 초등학교 4학년 때, 펠릭스

하나님의 비전 이야기

는 UN에 초청을 받아 연설을 하게 되었습니다. "우리는 잘 알고 있어요. 어른들이 환경 오염으로 인한 위기에 대해 모든 사실을 알고 있다는 사실을요. 하지만 왜 어른들은 아무 것도 하지 않고 있는 거죠?" 펠릭스의 연설은 어른들을 움직였습니다. 그리고 전 세계가 이 캠페인에 동참하였고, 11년이 지난 2018년에는 130개국에 이 운동이 퍼져 나갔고, 펠릭스가 세운 Plant for the Planet(지구를 위한 나무 심기) 단체는 150억 그루 이상의 나무를 심었습니다. 이 단체의 목표는 지구에 1조 그루의 나무를 심는 일이라고 합니다. 펠릭스는 말했습니다. 절대 잊지 마세요. 모기 한 마리는 코뿔소에게 아무것도 할 수 없지만, 수천 마리의 모기는 코뿔소의 길을 바꿀 수 있습니다.

이제 비전의 발견 이야기를 해 보겠습니다.

3. 비전의 발견

비전의 발견은 보물 찾기와 같습니다. 예일 대학에서 실험 심리학을 창시한 조지 래드 박사에 의하면 사람은 세상에 태어날 때, 각자 서로 다른 기본 능력, 재능 또는 은사를 갖고 태어난다고 합니다.

비전은 우리에게 없는 것을 창조하는 것이 아니라 이미 우리에게 주어진 것을 발견하는 것입니다. 발견한다는 것도 여러 번 발견하는 영어의 find의 개념보다는 최초의 발견의 의미를 뜻하는 DISCOVERY 개념에 가깝습니다. 비전은 이 세상의 모든 사람에게 주어진 선물입니다. 사람의 생각은 외부에서 들어오기도 하고 마음에서 일어나기도 합니다. 마음에 깊이 담겨 있던 생각이 외부의 자극에 의해서 일어나는 경우도 있고, 생각이 외부에서 들어가서 마음을 움직이기도 합니다. 이때, 새로운 생각이 들어가서 이미 있던 생각들과 결합하여 복합적으로 다른 생각이 생기기도 합니다. 비전을 발견하게 하는 것은 가지고 있는 비전을 알게 하는 것이라고 할 수 있습니다. 비전은 수정 보완을 하면서 구체적이 되고 확실해지고 발전하게 됩니다.

하나님의 비전 이야기

※ 비전은 삶과 밀접한 관계가 있다

매일 매일 주어진 삶에 충실하다 보면 그 삶의 과정 중에서 비전을 발견하게 됩니다. 학생은 공부를 열심히 하고, 사업가는 주어진 사업을 열심히 하고 자기에게 주어진 삶에 충실하다 보면 어느 날, 비전이 나타나게 됩니다. 또한 비전은 해가 지날수록 선명해집니다. 비전은 진화하며 발전하며 성숙해집니다. 비전은 나무가 숲을 이루는 것처럼 시간이 지날수록 구체화되면서 확실하게 됩니다.

1) 가치관과 가치관의 종류

비전은 가치관과 중요한 관계가 있는데 비전은 가치관이라는 틀 안에서 형성이 되기 때문입니다. 가치관은 한 개인이 살아가는 데 있어 바람직하고 옳다고 생각하는 신념으로 그 사람의 선택과 행동 등에 중요한 지침이 됩니다. 만약 어떤 사람의 가치관이 사랑이나 봉사라는 틀에 맞추어져 있다면 비전도 그런 방향으로 나타나게 됩니다.

① 가치관은 지능, 재능, 실력, 노력보다 중요합니다
총구를 땅으로 향하면 새를 맞출 수 없는 것처럼, 바른 가치관이 없으면 아무리 재주가 많고 지식이 많아도 실패하게 됩니다. 가치관의 순서가 중요한 이유는 긴급 상황이 생기면 사람들은 중요한 것부터 하기 때문입니다. 가치관은 모든 사람들이 공통적으로 인정하는 보편적 가치와 특정한 민족이나 집단이 인정하는 고유 가치가 있는데, 보편적 가치가 고유 가치보다 우선합니다.

※ 가치관의 형성 과정

가치관은 어려서부터 부모가 주는 영향이 가장 중요합니다. 가치관은 태어나면서부터 결정되는 것이 아니라, 환경에 따라 달라지고 발전되기도 합니다. 부모님, 선생님, 친구 또는 가족이나 위대한 인물의 가치관을 모델화하는 경향이 있으며, 자라면서 받게 되는 교육의 종류나 내용, 교육 환경, 만나는 사람들 그리고 종교나 직업, 사회 분위기 속에서, 시대적인 변화에 의해 다양하게 영향을 받기도 합니다.

비전은 우리가 우리 자신에게 최고의 가치관을 가지고 우리의 운명을 결정하는 결단이다. - 마르틴 부버

② 가치관의 종류

가치관에는 정직, 성실, 약속, 격려, 용기, 인내, 용서, 신뢰,

공정성, 충성, 희생, 헌신, 친절, 동정심, 책임감, 협동심, 배려 등이 있습니다.

희생의 가치관- 고(故) 심정민 소령

지난 2022년 1월 11일 F-5E 전투기 추락 사고로 순직한 공군 제10 전투비행단 소속, 고(故) 심정민(29·공사 64기) 소령은 민가의 안전을 위해 탈출을 시도하지 않고 조종간을 끝까지 잡은 채, 민가와 100m 떨어진 야산에 충돌하였다고 밝혔습니다. 심 소령이 타고 있던 사고 전투기는 이륙 후 엔진에 화재 경고등이 떴고, 곧바로 심 소령은 긴급 착륙을 위해 수원 기지로 선회하다가 탈출을 시도했으나 앞 방향에 마을이 있는 것을 보고는, 자신이 비상 탈출을 하면 전투기가 민가에 추락해 수많은 사람들이 목숨을 잃게 될 것이라 생각하고, 끝까지 비상 탈출 레버를 당기지 않고 추락하는 전투기에서 순직했습니다. 그는 이름도 모르는 사람들을 위해 마지막 순간까지 조종간을 놓지 않았던 것입니다.

약속의 가치관-계포일낙(季布一諾)

중국 초나라 사람인 계포에게는 계심과 장공이라는 두 동생이 있었는데 계심은 힘이 장사였지만 지혜가 부족했고, 장공은 머리가 뛰어났지만 몸이 약했습니다.

계포는 약속을 지키는 사람이 되기로 결심을 하고, 사소한 약속이라도 승낙한 것은 끝까지 지켰습니다.

어느 날 친구들이 마을 앞에 있는 호수를 헤엄쳐 건널 수 있느냐고 묻자 계포는 건널 수 있다고 하면서 내일 만나자고 했습니다. 그러나 이튿날 비바람이 무섭게 몰아쳐 아무도 호수에 모습을 보이지 않았고, 약속대로 그곳에 나온 사람은 계포뿐이었습니다. 그날 뒤늦게 친구들이 호숫가로 갔을 때 계포는 비에 흠뻑 젖은 채 친구들을 기다리고 있었습니다. 그것을 본 친구들은 계포를 약속 잘 지키는 용감한 사람으로 여겼고, 그 이야기는 온 나라로 퍼져 나갔습니다.

항우와 유방이 천하를 다툴 때 계포는 항우의 부장으로 싸웠는데, 항우가 패하고 계포는 쫓기는 몸이 되었을 때, 유방은 현상금으로 황금 100근을 걸어 그를 숨겨 주는 사람이 있으면 삼족을 멸할 것이라고 하였지만 사람들은 고발하지 않았으며 오히려 유방에게 그가 신의 있는 인물이라고 천거를 했습니다. 나중에 계포는 유방의 조정에서 벼슬을 하면서 모든 이의 신임을 받게 되었으며, 그 뒤 '황금 100근을 얻는 것보다 계포의 한마디 약속을 듣는 것이 더 낫다'라는 말이 유행했습니다.

충성의 가치관- 아더 왕의 충신 거웨인

하나님의 비전 이야기

아더 왕이 전쟁 중 이웃 나라의 왕에게 잡혀 그의 전쟁 포로가 되었는데, 이웃 나라 왕이 아더 왕에게 한 제안을 하기를, "여자들이 진정 원하는 것이 무엇인가"에 대한 답을 1년 안에 찾아온다면 목숨을 살려 주겠다'는 것이었습니다.

아더 왕은 나라의 신하들과 백성들에게 물어보았지만 그 누구도 답을 못했는데, 누가 북쪽에 늙은 답을 알 것이라고 하였습니다. 아더 왕이 마녀를 찾아가서 답을 물으니 마녀가 답을 안다면서 답을 알려 주는 대신 아더 왕의 원탁의 기사들 중 가장 용맹한, 용모가 수려한 거웨인과 결혼시키라는 것입니다. 마녀는 등이 곱추였고, 이빨은 하나밖에 남지 않았으며 입에서는 하수구 찌꺼기 같은 냄새가 풍겼고, 항상 이상한 소리를 냈습니다. 아더 왕은 마녀에게 자신의 충성스러운 기사를 결혼시킬 수 없었는데, 이 이야기를 들은 거웨인은 망설임 없이 아더 왕을 위해 마녀와 결혼을 하겠다고 했습니다. 마녀는 "여자들이 정말로 원하는 것은 바로 자신의 삶을 자신이 주도하는 것, 자신의 일에 대한 결정을 남의 간섭 없이 자신이 내리는 것입니다."라고 하였는데, 이웃 나라의 왕은 답을 맞혔다며 약속대로 아더 왕의 목숨을 살려 주었습니다.

결혼을 앞둔 늙은 마녀는 최악의 매너와 태도로 거웨인을 대했지만, 거웨인은 전혀 화를 내지 않고 다정하고 친절하게 그녀를 대했습니다. 결혼식을 마친 후, 첫날밤 거웨인이 침실에 들어가니 거기에는 젊고 예쁜 미녀가 그를 기다리고 있었습니다. 놀란 거웨인이 어찌된 일이냐고 물으니, 미녀는 말하기를 자신이 늙고 추한 마녀임 에도 거웨인이 항상 친절하게 그녀를 대했고, 아내로 받아들이기로 했기에 그에 대한 감사함의 표시로 이제부터 삶의 반은 추한 마녀로, 나머지 반은 아름다운 미녀로 있겠노라고 하였습니다. 그러면서 자신이 낮에 추한 마녀로 있고 밤에 아름다운 미녀로 있기를 원하는지 아니면 그 반대를 원하는지를 선택하라고 했습니다. 그러자 거웨인은 마녀에게 "당신의 뜻대로 하세요. 나는 당신의 결정을 존중하겠소."라고 했고, 마녀는 이 말을 듣자마자, 늙고 추한 마녀와 젊고 예쁜 미녀로 반반 나누어 지낼 것 없이 자신은 항상 아름다운 미녀로 있겠노라고 말했습니다.

협동심의 가치관 - 사당초등학교 학생들의 꽃동산 기적 "나팔 동산"

서울시 관악구에 있는 관악산은 많은 이들이 오르는 산이다. 이 관악산 등산로의 입구는 등산객들이 버린 쓰레기들로 뒤덮인 상태였는데, 4명의 초등학교 학생들이 이 쓰레기 동산을 꽃과 나무가 심겨진 아름다운 꽃동산으로 변화시켜

하나님의 비전 이야기

등산객들을 비롯하여 많은 이들에게 감동을 주고 있습니다. 이 친구들은 서울 사당초등학교의 6학년 정찬희, 방상헌, 오형지, 이소미 학생들입니다.

어릴 때부터 환경 문제에 관심이 많았던 이 친구들은 초등학교 3학년 때부터 유엔환경계획(UNEP)의 어린이 회원으로 활동하며 관악산에 버려진 쓰레기들을 줍는 등 환경 보호에 애써 왔지만 수많은 등산객들이 끊임없는 쓰레기를 버리는 것은 여전히 변하지 않는 것을 보고, 근본적인 해결을 위해 이 아이들이 '그린아이즈'라는 동아리를 만들고, 학교 특별 활동 시간에 '나팔 동산 프로젝트'를 발표했습니다. 등산로 입구에 쓰레기를 버리지 않도록 그 자리에 꽃을 심어서 꽃동산을 만들겠다는 것이었습니다. 아이들은 "나팔 동산 프로젝트"를 위한 재정을 만들기 위해 바자회를 열고, 폐식용유를 모아 재생비누도 만들어 팔고, 여기저기 뛰어다니며 약 40만 원을 모았습니다. 등산로 입구에 쓰레기들을 치우고, 그 자리에 꽃 30송이와 나무 20그루를 심고, 환경 보호 게시판도 만들어 그린아이즈 동산이 된 꽃동산에 게시판을 세웠습니다.

4명의 초등학생들이 시작한 이 움직임은 그곳을 지나던 등산객들을 놀라게 했고, 감동한 등산객들은 쓰레기를 버리는 대신 하나둘씩 꽃을 심기 시작했고, 6개월 후, 등산로 입구에는 쓰레기 더미 대신 아름다운 꽃들이 그 자리를 차지하여 아름다운 꽃동산이 생겨났습니다. 이 일을 알게 된 한 기자는 이 내용을 기사로 썼고, 이 소식을 접한 유엔환경계획(UNEP) 데오도르 오벤 팀장은 이 4명의 아이들과 그들의 놀라운 프로젝트를 극찬하며, 국제적으로도 뉴스가 되어, 전국 각지에서 UNEP 한국 위원회에 학부모들과 교사들의 문의 전화가 빗발쳤습니다.

친절의 가치관과 카네기의 어머니

한 젊은이가 자그마한 가구점을 시작하였습니다. 책상과 의자 가구 몇 개 정도의 아주 작은 가구점이었습니다. 그러나 젊은이는 성실하게 가게를 운영하며 가게 앞도 열심히 청소를 하고 긍정적인 자세로 살았습니다. 그러던 늦은 가을날, 날씨가 제법 쌀쌀한데, 날씨가 갑자기 흐리면서 비가 오기 시작했습니다. 갑자기 비가 오니까 사람들이 이리저리 뛰어갔습니다. 젊은이가 난로에서 끓고 있는 주전자를 바라보고 있는데 가게 앞에 처마에 어떤 할머니가 비를 피해 서 있는 모습이 보였습니다. 젊은이는 얼른 나가서 할머니를 가게 안으로 모시고 따뜻한 차를 대접하면서 비가 그치면 가시라고 하였습니다. 할머니는 차를 마시고 비가 그친 후 감사하다고 하면서 나가셨습니다. 그리고 며칠 후에 정장을 입은 중년의 신사가 가게에 찾아왔는데 자기는 카네기 회장님의 비서인데 얼마 전에 이 가게에서 비를 피하고 간 분이 바로 카네기 회장님의 어머니라고 하면서 회장님이 감사하다며 앞으로는 카네기 회사의 모든 가구는 이 가구점에서 구매를 하라고 하였다는 것입니다. 젊은이의 가구점은 하루 아침에 큰 사업체가 되었습니다.

동정심의 가치관과 나폴레옹

프랑스 소년 사관 학교 앞에 있는 사과 가게에는 휴식 시간마다 사과를 사 먹는 학생들로 늘 붐볐습니다. 그러나 그 많은 학생들과는 달리, 돈이 없어서 저만치 떨어진 곳에 혼자 서 있는 학생 하나가 있었는데 그 학생은 사과를 사 먹을 돈이 없어 항상 뒤에서 바라봐야만 했습니다. 그러던 어느 날 가게 아주머니는 저만치 서 있던 그 학생을 불러서 사과 한 개를 건네주며 말했습니다. "학생, 이리 와요. 사과 하나 줄 테니 와서 먹어요.", "아주머니, 저는 돈이 없어서 사과를 살 수가 없어요.", "괜찮아요. 얼마나 사과가 먹고 싶었을까. 앞으로 언제든지 사과가 먹고 싶으면 와서 먹어요. 돈은 안 받을 테니." 가게의 여주인은 가난한 그 학생의 사정을 알고, 매일 만날 때마다 사과를 주었고 그 학생은 고마움에 눈물을 흘리며 먼 훗날, 꼭 훌륭한 사람이 되어서 사과 값을 갚

겠다고 다짐했습니다.

그리고 30년이라는 세월이 흘렀습니다. 사과 가게 여주인은 그사이에 할머니가 되었지만, 여전히 그 자리에서 사과를 팔고 있었습니다. 어느 날 장교 한 사람이 부하들과 함께 그 사과 가게에 왔습니다. "할머니, 사과 한 개만 주세요." 장교는 사과를 맛있게 먹으면서 말했습니다. "할머니, 이 사과 맛이 참 좋습니다." 할머니는 빙그레 웃으며, 그 장교에게 앉으라고 의자를 권하였습니다. "군인 양반, 자랑 같지만 지금의 황제이신 나폴레옹 황제께서도 소년 사관 학교 시절에, 우리 가게에서 가끔 사과를 사서, 그렇게 맛있게 드셨지요. 벌써 30년이 지난 이야기지만…"

"내가 듣기로는 그때 그 학생은 가난해서, 늘 할머니께서 사과를 그냥 주셔서 얻어먹었다고 하던데요." 할머니는 말하기를 "아니오, 그건 군인 양반이 잘못 들은 거예요. 그때 그 학생은 반드시 돈을 꼭꼭 내고 사 먹었지요. 한 번도 그냥 얻어먹은 일은 절대로 없었어요." 할머니는 나폴레옹 황제가 소년 시절에 겪은 어려웠던 일이, 사람들의 입에 오르

하나님의 비전 이야기

내리는 것이 싫은 듯 극구 부인하였습니다. 그러자 장교는 다시 물었습니다. "할머니는 지금도 황제의 소년 시절 얼굴을 기억하십니까?" 할머니는 조용히 고개를 들어 먼 하늘을 바라보았습니다. 가난했던 그 학생에게 동정을 베풀던 옛날의 추억을 더듬는 듯했습니다. 그러자 장교가 갑자기 먹든 사과를 의자에 놓고 일어나, 할머니의 손을 두 손으로 꼭 잡으며 눈물을 흘리며 말했습니다. "할머니, 제가 바로 나폴레옹 황제입니다.", "예? 당신이 나폴레옹 황제라고요?", "예, 제가 바로 30년 전에 돈이 없어 사과를 사 먹지 못할 때, 할머니께서 가끔 저에게 사과를 주신 보나파르트 나폴레옹입니다. 그때의 사과 맛은 지금도 잊지 못하고 있습니다. 전 그때 그 사과를 먹으면서, 언젠가는 할머니의 은혜를 꼭 갚겠다고 몇 번이고 다짐을 했습니다." 나폴레옹에게 두 손을 집힌 채, 어찌할 줄을 모르는 할머니 눈에선 어느새 눈물이 흐르고 있었습니다. 나폴레옹 황제는 금 돈이 가득 들어 있는 주머니를 할머니 손에 쥐여 주면서 말했다. "할머니, 이것은 저의 얼굴이 새겨진 금돈입니다. 이 돈을 쓰실 때마다 저를 생각해 주십시오. 정말 감사합니다. 할머니." 나폴레옹은 오랫동안 할머니의 손을 꼭 잡아 준 뒤 모자를 쓰고 부하들과 함께 길을 나섰습니다. 나폴레옹의 모습이 안 보일 때까지 할머니는 그 자리에서 움직일 줄을 몰랐습니다.

용서의 가치관과 대학교 총장

인터넷에 이런 글이 있다. 나의 고향은 경남 산청이다. 그곳은 지금도 비교적 가난한 곳이다. 그러나 아버지는 가정 형편도 안 되고 머리도 안 되는 나를 대구로 유학을 보내 주셨다. 나는 대구중학교를 다녔는데, 공부가 하기 싫었다. 그 결과 내 석차는 68/68, 1학년 8반에서 꼴찌를 했다. 부끄러운 성적표를 가지고 고향에 가는 나는 어린 마음에도 그 성적을 부모님께 내밀 자신이 없었다. 당신이 교육을 받지 못한 한을 자식을 통해 풀고자 했는데, 꼴찌라니…. 끼니를 제대로 잇지 못하는 소작농을 하면서도 아들을 중학교에 보낼 생각을 한 아버지를 떠올리면 그냥 그대로 있을 수가 없었다. 그래서 잉크로 성적표를 1/68로 고쳐서 아버지께 보여 드렸다. 아버지는 보통학교도 다니지 않으셨으므로 내가 1등으로 고친 성적표를 알아차리지 못할 것이라고 쉽게 생각했다. 대구로 유학한 아들이 집으로 왔으니 친지들이 몰려와 "찬석이는 공부를 잘했더냐?"고 물었다. 아버지는, "앞으로 봐야제…. 이번에는 어쩌다 1등을 했는가배…." 했다. 동네 어른들은 "명순(아버지)이는 자식 하나는 잘 뒀어. 1등을 했으면 책거리를 해야제." 했다. 당시 우리 집은 동네에서 가장 가난한 살림이었다. 이튿날 강에서 멱을 감고 돌아오니, 아버지는 단 한 마리뿐인 돼지를 잡아 동네 사람들을 모아

하나님의 비전 이야기

놓고 잔치를 하고 있었다. 그 돼지는 우리 집 재산 목록 1호였다. 정말로 기가 막힌 일이 벌어진 것이다. 나는 겁에 질려 "아부지…" 하고 불렀지만 다음 말을 할 수가 없었다. 그리고 달려 나갔다. 그 뒤로 나를 부르는 소리가 들렸다. 겁이 난 나는 강으로 가 죽어 버리고 싶은 마음에 물속에서 숨을 안 쉬고 버티기도 했고, 주먹으로 내 머리를 내리치기도 했다. 충격적인 그 사건 이후 나는 달라졌다. 항상 그 일이 머리에 맴돌고 있었기 때문이다. 그로부터 17년 후 나는 대학 교수가 되었다. 그리고 나의 아들 민우가 중학교에 입학했을 때, 그러니까 내 나이 45세가 되던 어느 날, 부모님 앞에 33년 전의 일을 사과하기 위해 "어무이…; 저 중학교 1학년 때 1등은요…" 하고 말을 시작하려고 하는데, 옆에서 담배를 피우시던 아버지께서 "알고 있었다. 그만해라. 민우가 듣는다."고 말씀하셨다. 자식의 위조한 성적을 알고도, 재산 목록 1호인 돼지를 잡아 잔치를 하신 부모님 마음을, 나는 박사가 되고 대학 총장이 되었지만 아직도 감히 알 수가 없다. -전 경북대 총장 박찬석-

하버드 학생들을 연구한 책에 의하면 하버드 학생들은 어린 시절 자라면서 부모의 격려를 많이 받고 자랐다고 합니다. 특히 엄마들이 실수하는 어린 자녀들에게 많이 하는 말이 "괜찮아. 그런 일로 배우는 거야. 다음에 잘할 수 있어."라고 하였습니다.

존중과 배려의 가치관

전쟁 중에 전투를 하다가 소대원들이 열 명이 생존해서 후퇴를 하는 과정에서 식량과 물이 다 떨어졌습니다. 조금만 더 가면 아군 부대를 만나게 되는데, 너무 갈증이 심해 탈진 상태에 빠지게 되었습니다. 그러던 중 물이 든 한 개의 수통을 발견합니다. 생명과 같은 물을 본 병사들의 눈이 빛났습니다. 그러나 수통의 물은 한두 명의 병사가 마시기에도 부족한 양이었습니다.

소대장은 그 물을 계급이 낮은 병사부터 한 모금씩 마시도록 했습니다. 그렇게 하면 두세 명이 지나면 물은 바닥이 날 것으로 생각했습니다. 그런데 놀랍게도 열 번째 맨 나중에 수통을 받은 소대장은 수통의 남은 물을 보고 눈물을 흘렸습니다. 수통의 물이 그대로 남았기 때문입니다. 물론 이 소대원들은 금방 아군 본부를 만나 전원 생존하게 되었으며 이 사건을 소대장을 통해 전해 들은 사령관은 전군 병사들에게 이 사건을 이야기하였고, 부대원들의 사기를 드높아졌다고 합니다.

다른 예가 있습니다. 경비행기를 타고 여행하는 사람들이

하나님의 비전 이야기

있었습니다. 조종사와 승객이 세 명인데 승객은 두 명의 어른과 한 명의 초등학생이었습니다. 두 명의 어른 중 한 명은 국경없는의사회의 멤버로 사람을 치료하기 위해 가는 길이었으며 또 한 남자는 금광을 캐러 가는 사업가였습니다.

그런데 경비행기가 가다가 엔진에 문제가 생겼습니다. 조종사는 급히 본부로 무전을 하고 뒤에 있는 승객들에게 낙하산을 메고 탈출하라고 하면서 자기 낙하산을 메고 뛰어내렸습니다. 비행기는 서서히 추락을 하는데 문제가 생겼습니다. 사람은 세 명인데 낙하산이 두 개밖에 없는 것입니다. 그 순간 사업가가 한 개의 낙하산을 갖고 뛰어내렸습니다. 이제 남은 것은 한 개의 낙하산입니다. 그때 국경없는의사회의 의사가 소년에게 말했습니다. "애야, 이 낙하산을 메고 뛰어내려라." 그때 소년이 말했습니다. "아저씨! 괜찮아요. 여기 낙하산 두 개가 있으니까 우리 둘이 메고 뛰어내리면 돼요." 의사가 말했습니다. "애야, 조금 전에 뛰어내린 아저씨가 낙하산을 메고 가서 이제 낙하산이 하나밖에 없잖니?" 소년이 웃으며 말했습니다. "아저씨, 조금 전에 먼저 뛰어내린 아저씨가 메고 간 것은 낙하산이 아니라 제 여행 가방이에요." 사업가가 낙하산이 두 개밖에 없는 것을 알고는 급하게 자기만 살겠다고 잡은 것은 낙하산이 아니라 소년의 여행 가방이었습니다.

2) 비전 발견의 질문들

첫 번째, 내가 가장 많이 원하고 생각하고 바라는 것, 그리고 진짜 내가 할 일은 무엇이라고 생각하는가?

두 번째, 먹거나 잠자는 것도 잊어버릴 정도로 그렇게 좋아하는 일은 무엇인가?

세 번째, 마음대로 쓸 수 있는 시간이나 돈이 생겼을 때, 그것을 어떻게 쓰고 싶은가?

네 번째, 나는 누구를 흠모하는가, 무엇을 흠모하는가? 나의 삶 가운데 가장 많은 영향을 미친 사람은 누구인가?

다섯 번째, 사람들은 내가 어떤 일을 할 때 제대로 하고 있다고 하는가?

여섯 번째, 나는 무엇으로 후대에 이름을 남기고 싶은가?

비전은 자연적으로 생각이 나며 잊었다가 또 생각이 난다. 무의식적으로 생각이 나며 자나 깨나 그 생각이 난다.

하나님의 비전 이야기

3) 비전 발견의 종류

① 환경을 통해서 발견한다

라이트 형제는 형인 윌비가 10살, 동생 오빌이 6살 때였던 1877년, 여동생과 그의 엄마와 함께 강가로 나가 야외 캠프를 할 때, 강에서 물고기를 낚으려고 애를 쓰고 있는

데 하늘에서 갑자기 나타난 커다란 새가 강물을 향해 내려와 물고기를 낚아채고 잽싸게 하늘로 날아오르는 모습을 보고서 하늘을 날고 싶다는 비전을 품게 되었습니다. 사람들은 하늘을 날아 보겠다는 라이트 형제를 미쳤다고 비웃었지만 라이트 형제가 비전을 품은 지 26년이 되는 1903년, 가솔린 엔진과 프로펠러를 장착한 비행기가 59초 동안 255.6m를 비행하는 역사적 출발을 하였습니다. 그 이름은 '플라이어 1호'였습니다. 100년이 넘는 시간이 흐른 오늘날, 인류는 하늘 너머 우주를 탐사하고 있습니다.

② 사람을 통해서 발견한다

보브 리처즈의 〈챔피언의 마음〉이라는 책에 나오는 내

용입니다. 올림픽 선수로서 고등
학교 학생들과 이야기하기를 좋
아했던 찰리 패도크가 한 번은 오
하이오주 클리블랜드의 동부 기
술고등학교에서 "만약 여러분들
이 어떤 일을 할 수 있다고 생각
하면, 여러분은 그 일을 꼭 할 수
있습니다. 여러분이 어떤 일이 일

어나리라고 굳게 믿으면, 그 일이 반드시 여러분 생애에 일
어날 것입니다."라고 했습니다. 이 강연 후 앙상한 다리의 빼
빼 마른 한 흑인 소년이 찰리에게 다가와 "패도크 선생님,
저도 당신처럼 올림픽 선수만 될 수 있다면 무슨 일이든지
하겠습니다."라고 했습니다. 몇 년의 시간이 흐른 뒤, 이 소
년은 1936년 베를린에서 열린 올림픽에서 4개의 금메달을
땄는데, 그가 바로 제시 오웬스입니다. 제시 오웬스가 고향
에 돌아와 클리블랜드 시가를 행진할 때 키가 작고 깡마른
흑인 소년 하나가 다가서면서 말했습니다. "오웬스 씨, 내가
만약 당신처럼 올림픽 선수가 될 수만 있다면 무슨 일이든
지 하겠습니다." 제시는 '갈비'라는 별명의 작은 소년의 손을
붙잡고, "애야, 내가 너보다 조금 더 컸을 때 나도 그런 말을
했었단다. 네가 열심히 훈련하고 그리고 신념을 가지고 노

하나님의 비전 이야기

력하면 너도 꼭 올림픽 선수가 될 수 있을 거야."라고 말했습니다. 1948년 영국 런던의 웸블리 스타디움에는 6명의 남자 선수들이 1백 미터 단거리 결승전의 출발 신호를 기다리고 있었는데 신호가 울렸습니다. 제일 바깥 줄에 있던 선수가 앞으로 뛰어나가 달려가서 제일 먼저 테이프를 끊고 우승을 하였는데 그가 '보운즈(*갈비) 달라드'였습니다. 그는 제시 오웬스가 세운 올림픽 기록과 타이를 이루었습니다. 그리고 다른 세계 기록도 여럿 깨뜨렸습니다.

③ 꿈을 통해서 발견한다

많은 사람들이 알고 있는, '이집트 왕자'라는 애니메이션으로도 만들어지기도 했던, 요셉 이야기 속에서 요셉은 어린 시절, 하나님으로부터 당시 최강대국인 이집트의 총리가 되는 꿈을 받았지만, 현실에서 꿈과는 정반대로 노예로 팔려서 이집트에 갔으며, 수많은 시련들을 겪었습니다. 그러나 결국 그가 받은 꿈과 같이 이집트의 국무 총리가 되어 나라와 민족을 구하는 사람이 되었습니다.

④ 사건을 통해서 발견한다

박영석 대장은 히말라야 14좌 완등, 7대륙 최고봉 완등, 남극점·북극점 원정에 성공하여 세계 최초로 산악 그랜드슬

램을 달성한 산악인입니다. 그는 1988
년 알프스 3대 북벽을 오른 뒤, 1991년
에베레스트산 남서벽에 올랐고, 1993
년 아시아 최초로 에베레스트산 무산
소 등정에 성공했습니다.

그는 어린 시절 〈김찬삼의 세계 여
행〉을 너덜너덜해질 만큼 읽으면서
세계를 누비는 상상력을 키웠다고 합니다. 1980년, 고등학
생 시절 시청 앞을 걷고 있었는데 갑자기 어디선가 박수와
함께 함성 소리가 들렸습니다. 뛰어가 보니 카 퍼레이드를
하는데 '동국대학교 산악부 마나슬루 등정'이라는 현수막이
보였습니다. 그 순간 그의 온몸에 힘이 불끈 솟아오르며 '그
래, 바로 저거다. 내가 할 일은 저거다. 나는 산악인이 될 것
이다.' 다짐했습니다. 어릴 적, 막연하게 키워 왔던 꿈의 세계
가 명확한 비전으로 앞에 펼쳐진 것입니다. 이후 이를 악물
고 공부하여 동국대학에 입학하자마자 바로 산악부에 가입
했다고 합니다.

⑤ 책이나 영화를 통해서 발견한다

우리는 살면서 감명 깊게 읽은 한 권의 책이나 감동적인

　　　　　　　　하나님의 비전 이야기

영화를 통해 자신의 비전을 발견하게 될 때가 있습니다.

　〈목민심서〉의 작가 황인경은 500만 부 이상의 판매를 기록한 그의 책 〈목민심서〉를 집필한 동기에 대해 "청소년들의 궁금증을 해소하고 꿈과 비전을 키우기 위한 위인전을 써 보자는 의무감으로 시작했다"고 말했습니다. 황인경은 비전을 발견하는 문제에 대해 이렇게 말했습니다.

　첫 번째, 평생 보람을 갖고 최대한의 능력을 발휘할 수 있는 것이 무엇인지 고민하라.

　두 번째, 소신을 갖고 연구하며 넓은 사고를 가져라.

　세 번째, 사설을 즐겨 읽고 토론하는 습관을 길러라.

　⑥ 본능과 직감적으로 발견한다

　⑦ 점검표를 사용하여 발견한다

　준비물: 전지 2장, 접착식 메모지(2가지 색상/각 100매씩)

　# 아래 1과 2의 표 안에 있는 항목들 중, 가장 관심 있는 순서대로 3가지를 골라 기록합니다.

1. 사람

청소년, 어린이, 노인, 부부, 미혼모, 장애인, 유아, 태아,
다문화 가정, 결손 자녀, 고아, 재소자, 노숙자, 환자,
불우이웃, 무주택자, 이민자, 중독자(알콜, 마약, 성 기타)

1)   2)   3)

2. 업무 직종

과학 분야	물리학, 화학, 생물학, 지구과학, 공학, 지질학, 의학. 열역학, 항공과학
기계 기술 분야	기계 기술자, 전기·전자 기술자, 반도체공학 토목 기술자, 건축 기술자, 인쇄 출판, 컴퓨터
경제 분야	금융가, 부동산 중개사, 경영자, 사업가 무역가, 경제 분석가, 회계사
인문 사회 분야	사회학자, 정치가, 판사, 변호사, 검사, 외교관, 행정 관리자, 노사 문제 전문가, 협상가
사회 봉사	자선 사업가, 성직자, 교회 봉사, 보모
교육 분야	교육감, 교수, 초중고 교사, 유치원 교사

하나님의 비전 이야기

의료 분야	의학 박사, 의사, 간호사, 의학영상 전문가 치의사, 치기공사, 간호조무사
문화 예술 분야	소설가, 시인, 연예인, 성악가, 화가, 만화가, 인테리어, 레크리에이션, 디자인, 꽃꽂이, 연주자, 패션 디자이너, 모델, IT 관련 종사자, 신문 잡지, 방송, 영화, 스포츠, 인성 계발
사무 분야	행정 공무원, 경리직, 우체국, 사무직, 관리직
판매 분야	도매업, 소매업, 판매원, 경매인 비즈니스
편의 제공 분야	음식점, 숙박업, 이용사, 미용사, 관광 가이드
대민 보호 분야	경찰관, 소방관, 구급대원, 군인
자연 분야	환경, 농업, 영농 지도, 정원사, 동물조련사
제품 생산 분야	금속 가공업, 목재 가공업, 화학물 가공업 등
신체 조절 분야	운동선수, 코치, 심판, 무용가 등
식품 관련 분야	요리사, 요리 연구가, 영양사, 주방 보조

1)   2)   3)

가. 기록하기

  머릿속에 떠오르는 직업/업무 관련 단어들을 메모지에 기록하여 전지에 붙입니다. 명사형으로 기록을 하면 좋습니다.
  예) 1 과학자, 2 가수, 3 디자인 등

나. 선택하기

메모지들을 전지에 다 붙였으면 1번과 마지막 번의 메모지를 떼어내 비교합니다. 둘 중 더 중요하다고 생각되는 것은 남기고 다른 한 장은 버립니다. 그다음 2번과 마지막 전의 메모지를 떼어 같은 방식으로 둘 중 더 중요하다고 생각되는 것을 남기고 다른 것은 버립니다. 3번과 마지막 전의 전 것, 이런 식으로 더 이상 메모지가 남지 않을 때까지 해나가면 됩니다. (*이때, 중요하다고 생각되어 남긴 메모지는 새로운 전지에 차례대로 붙여 나갑니다.)

선택하기가 끝난 후, 두 번째 전지의 메모지들을 가지고 같은 과정을 반복합니다. 이렇게 같은 과정을 반복하다가 마지막에 한 장이 남을 때까지 계속합니다.

잠시 시간을 가지고 난 후, 이 과정의 처음, 머릿속에 떠오르는 단어들 하나씩 전부 메모지에 적어서 종이에 붙이기부터 새롭게 다시 시작해서 맨 나중에 남은 것과 처음 시도했을 때 마지막에 남은 것에서보다 중요하다고 생각되는 것을 남깁니다.

＊ 처음 시작할 때는 큰 종이인 전지가 차고 넘칠 수가 있는데 그럴 경우에는 전지 2장을 이어 붙여서 사용해도 됩니다.

하나님의 비전 이야기

가장 마지막에 남은 단어와 용어를 참고하면 비전 발견에 도움이 됩니다. 그것이 당신의 비전이 될 것입니다. "거기에 서부터 시작하십시오!"

제4장

비전의 성취

'종이 울리기 전까지는 종은 단지 쇳덩어리다.'라는 말이
있듯이 아무리 좋고 멋진 비전이라도, 실행되지 않으면 한
낱 공상으로 끝나게 됩니다. 일단 비전을 발견하게 되면 비
전을 이루는 능력도 따라온다는 것을 알아야 합니다.

　비전을 실행하기 위해서는 비전이 이루어진 것처럼 상상
하고 기뻐하고 믿고, 이루어질 때까지, 이루어진 것처럼 확
신을 갖고 행동하는 태도가 중요합니다.

　태도란 어떤 대상에 대한 믿음, 느낌, 행위, 의도가 결합되
어 있는 정신적 준비 상태를 말하는데, 비전을 이루는 데 태
도가 대단히 중요합니다.

하나님의 비전 이야기

윈스턴 처칠의 아버지인 랜돌프 처칠은 재무 장관을 역임할 정도로 유명한 정치인이었고, 어머니 자넷 처칠 여사는 미국인이었습니다. 처칠은 해로우 학교 입학 시험 때에 주어진 2시간 동안 라틴어 작문을 전혀 하지 못했는데, 다행히 독서를 좋아한 덕분에 문학과 역사에 소질이 있어 영문학과 역사 성적이 좋아서 입학을 허락받았습니다. 브라이튼 학교로 옮긴 그는 학과 공부에 비로소 흥미를 느끼게 되었고, 아들이 군인이 되는 것이 좋겠다고 생각한 부친 권유로 3수 끝에 샌드허스트 육군 사관학교에 입학했습니다. 사관학교에 있을 땐 독서, 수영, 승마 등을 익히면서 몸과 마음을 건강하게 했습니다. 졸업 후 기병 소위로 임관하여 보어 전쟁에 참전했으며 이 과정에서 포로로 잡혀서 수용소 생활을 했는데, 수용소에서 겨우 탈출하였습니다. 제2차 세계 대전 당시 수상으로 일하면서 독일의 공격으로 패망의 위기에 빠져 절망에 빠져 있던 영국 국민들에게 비전과 희망의 메시지로 용기를 불러일으키고 결국 승리를 이끌었습니다. 그가 옥스퍼드대학에서 한 졸업 축하 연설은 유명한데, 그는 연단에서 이렇게 말했습니다.

"You, Never give up! (절대 포기하지 마십시오!)" 잠시 후 다시 말했습니다. "You, Never give up! (절대 포기하지 마십시오!)" 그리고 다시 이렇게 말했습니다.

"Never, never give up! (절대, 절대 포기하지 마십시오!)"

장점신전법(長點伸展法)

일본의 3천 개 회사에 경영 자문을 한 컨설턴트 '후나이 유키오'는 회사나 개인이 능력을 키우기 위해서는 '장점신전법(長點伸展法)'이 중요하다고 합니다. 이것은 좋은 점만 주목해 그것을 마음껏 펼칠 수 있게 해 주는 것이며, 이때, 단점은 고려하지 않는 것입니다. 팔리지 않는 물건에 신경을 쓰지 않고 '지금 가장 잘 팔리는 것', '지금 가장 잘 커 나가는 것', '효율성이 높은 것', '잘하는 분야'에 주목해 그 상품을 강화하는 것이 '장점신전법'입니다. 할 수 있다고 믿어야 할 수 있고, 할 수 있는 것에 초점을 맞출 때 성공적인 인생을 살게 됩니다.

태도는 쉽게 변화되지 않으며 저항적인 면이 있는데 주장의 반박이나, 정보의 무시, 메시지의 왜곡, 자기 합리화, 거부 등으로 나타납니다. 태도를 바꾸는 방법에는 대면 설득이 가장 효과적인 방법입니다.

1. 비전 성취를 위한 세 가지 자원

비전을 이루기 위해서는 자신의 능력과 재능, 한계, 가치를 알아야 합니다. 비전은 상황과 환경에 민감하기 때문에 기회, 장애, 잠재력, 자원 등 상황을 잘 파악해야 하며 다음의 세 가지 자원을 잘 알고서 활용을 해야 합니다.

1) 시간

시간처럼 소중하고 귀한 자원은 없습니다. 누구에게나 24시간 일 년 365일이 주어졌는데, 시간을 쓰는 방법은 모두 다릅니다.

실패자들의 공통점이 과거 이야기를 많이 하고 현재에 충실하지 않는다는 것입니다. 과거는 부도난 수표며, 미래는 약속어음, 현재는 현금이라는 말이 있습니다. "내가 왕년에는…" 이런 말을 하는 사람은 부도난 100억 수표를 들고 자랑을 하는 사람과 같습니다. 현재와 미래만이 우리의 것이고 우리의 가능성입니다. 특히 현재만이 우리가 쓸 수 있는 현금입니다.

벤저민 프랭클린은 "미국 건국의 아버지" 중 한 명으로 시간을 지혜롭게 잘 쓰기로 유명했는데, 그의 명언 가운데 하나가 바로 "Time is money!(시간이 돈이다)"라는 말입니다.

미국의 유명한 투자가인 워렌 버핏과의 점심 한 끼가 최근 246억에 낙찰되었다고 하는데, 보통 사람의 머리로는 도무지 이해가 안 되지만 시간의 가치를 아는 사업가들은 어떻게든지 그런 기회를 잡고자 애쓰는 것입니다. 한 끼의 식사가 목적이 아니라 워렌 버핏과의 1시간, 그 시간을 사는 것입니다. 워렌 버핏과의 점심 한 끼 시간에 246억을 투자하고 몇천 억 이상의 정보와 지혜를 얻으려는 것입니다.

그리스어에서는 '때'를 나타내는 말이 καιρός(카이로스)와 χρόνος(크로노스)의 두 가지가 있는데, 카이로스는 '시각'을, 크로노스는 '시간'을 말한다. 다시 말해 카이로스는 '정한 때', 즉 어떤 이벤트적인 시간을 말하고, 크로노스는 연속으로 흐르는 시간을 말합니다. 성공하는 사람은 연속적인 시간(크로노스)에서 카이로스 (결정적인 기회)를 깨닫고 붙잡기 때

하나님의 비전 이야기

문에 매일의 시간(크로노스)을 잘 활용합니다.

류비세프(1890~1972)는 시간을 계획적
으로 사용하여 많은 업적을 남긴 러시
아 사람으로 유전학자이며 동물학자입
니다. 그는 50여 년 동안 하루도 빠짐없
이 '시간 통계' 노트를 작성하며 시간을
관리했습니다. 그는 82년을 사는 동안,
25억 8,595만 2,000초를 살면서 시간을
쪼개 살았습니다. 매일 8시간 이상 자
고 운동과 산책을 즐겼습니다. 그는 시

간을 지배하고 살았습니다. 그는 시간이 부족하다고 한 적
이 한 번도 없습니다. 그는 70여 권의 학술 서적, 1만 2,500
여 장에 달하는 연구 논문, 방대한 양의 학술 자료와 직접
만든 수천 권의 소책자들을 남겼습니다. 그는 산책과 운동
을 즐겼으며, 좋아하는 공연과 전시회 등 문화 행사에도 열
성적으로 참여했습니다. 그는 사람에게는 비어 있는 시간이
나, 필요 없는 시간이 있어서는 안 된다고 했습니다. 그는 충
분히 자고 놀면서 엄청난 일을 해냈습니다. 그가 이렇게 시
간 관리를 할 수 있었던 이유는 시간의 명세서를 매일 기록
하고 결산하고 스스로 피드백을 하는 일상을 가졌기 때문입

니다.

그가 실천했던 방법론은 다음과 같습니다.

1) 기록하라

2) 평가하라

3) 통계를 내고 분석하라.

4) 자투리 시간을 활용하라.

류비세프는 꿈만 꾸는 것이 아니라 꿈을 이루기 위해서 시간을 어떻게 활용해야 하는지 알고 그것을 실천한 사람입니다.

2) 생각

처음에 이야기한 것처럼 생각의 가치는 무한합니다. 나라를 세우기도 하고 바꾸기도 하고 역사를 새롭게 만들기도 합니다. 놀라운 것은 비전의 생각들이 한결같이 믿음이라는 확신으로 다 이루어졌다는 것입니다. 모두 말입니다.

1592년 4월, 부산 앞바다에 일본 전함 700여 척이 모습을 드러냈습니다. 임진왜란이 시작되고 왜군이 침략한 지 20여 일 만에 나라를 지켜야 할 선조 임금과 신하들은 궁궐을 떠나 피난길에 올랐습니다. 육군은 이미 무너졌고, 부산 앞바다를 지키던 경상도 수군도 무너졌습니다.

해전을 포기하려는 선조에게 이순신 장군은 "신에게는 아직도 열두 척의 배가 있사오니, 나아가 죽기로 싸운다면 능히 막을 수 있사옵니다."라는 명언을 하였으며 12척의 배와 120여 명의 병사를 갖고 열 배가 넘는 왜군을 격파하고서 나라를 구했습니다. 비전의 사람은 이렇게 말합니다.

"어떠한 열악한 환경과 절망적인 상황 속에서도 꿈을 꾸고 그것을 위해 최선을 다한다면 기적은 일어난다."

비전의 사람들의 공통적인 패턴이 있습니다. 먼저 생각을 하고 그다음 계획(전략)을 세우고 실행하고 결과를 얻습니다. 비전은 미래의 상황을 미리 내다보고 거기에 따른 구체적인 계획을 세우고 실행함으로 결과를 얻어 내는 패턴을 갖고 있습니다.

생각하고 계획을 세우고 그다음 실행하고 결과를 얻는 것입니다. 이 순서는 언제나 변함이 없습니다.

중요하니까 구체적으로 다시 설명을 하겠습니다.

먼저 비전(생각, 미래의 꿈)이 있습니다.

이것은 시간적으로 100년 앞을 보거나 그 이상을 보기도

하고, 또 어떤 불가능한 상황이나 사건을 해결하는 생각이 될 수도 있으며, (보통 사람들이 이해하거나 상상할 수 없는 것들임) 특별한 경우 인간의 한계치를 넘는 신적인 사고나 기대(태양을 멈추게 하거나 바다를 가르거나 시간을 거꾸로 돌리는 것 같은 일들)를 보이기도 합니다.

놀라운 것은 비전의 생각들이 한결같이 믿음이라는 확신으로 다 이루어졌다는 것입니다. 모두 말입니다.

비전은 포기하지 않으면 이루어진다는 것입니다.

3) 자유 의지와 선택

우리에게는 선택할 수 있는 자유 의지가 있습니다. 그리고 우리의 인생은 선택의 연속입니다. 인생은 주어진 시건 속에서 자신이 생각한 대로, 자유 의지를 가지고 선택하는 삶입니다. 그리고 그 선택의 결과에 따라 그 인생이 결정됩니다.

한라산이나 백두산 정상에는 빗방울이 몇 cm 차이로 갈라지는 지점이 있습니다. 그 빗방울이 하나는 동으로 하나는 서쪽으로 흘러가게 되고 시간이 지나면서 냇물로 그리고 강으로 그리고 동해로 서해로 흘러가서 완전히 방향이 다른

하나님의 비전 이야기

곳으로 가게 됩니다. 시작은 몇 cm로 갈라졌으나 결과는 완전히 다른 방향이 됩니다.

우리의 작은 선택이 평생을 결정하게 되는 것을 알고 매사에 선택을 잘해야 합니다.

2. 비전 성취를 위한 준비

보람 요법이 있습니다.

암 환자가 보람 요법으로 치료를 하면 암세포 덩어리가 작아지고 재발률도 줄어든다고 합니다. 보람 요법은 생활 가운데서 보람을 느끼게 함으로 생활 속에서 가슴 두근거림을 되찾는 것인데, 가슴이 두근거림은 능력을 발휘할 때 큰 도움이 되는데, 비전을 따라 살게 되면 가슴이 두근거리고 열정이 생기고 온몸에 활기가 넘치게 됩니다.

1) 선명한 목표

우리가 원하는 것에 대해 명확히 알게 되면, 다양한 원천으로부터 도움을 얻어 낼 수 있습니다. 리더십 트레이너 작가인 데이브 코완은 중력에 관한 이야기를 하였는데 그의 말에 따르면 달까지 여행하는 비행선의 연료는 지구의 중력장 밖으로 벗어날 때 대부분 소모되고 그 후로는 달의 중력이 우주 비행선을 달로 잡아당긴다는 것입니다. 이와 같이 우리도 과거의 생활 양식으로부터 벗어나는 데 대부분의 에너지를 사용합니다. 그렇게 일단 과거로부터 탈출한 다음에는 달이 비행선을 끌어당기듯 다양한 외부의 도움이 우리를 미래로 끌어당깁니다. 명확한 비전이 있으면 그만큼 성공할 가능성이 높은 것입니다.

미국의 위인으로 꼽히는 한 사람인 부커 티 워싱턴(Booker T. Washington, 1856~1915)은 인종 차별이 심한 미국 남부에서 1856년에 노예로 태어났습니다. 그는 16살이 되는 해에는 대학에 입학하겠다고 결심했습니다. 사람들은 그런 그에게 '미친놈, 정신이 나간 놈'이라고 했습니다. 당시 미국의 일반대학교들은 흑인에게는 입학을 허락하지 않았는데, 오직 웨스트 버지니아의 햄프턴 대학에서만 흑인을 받아들였습니다. 16살이 되던 해에 그는 햄프턴 대학에 들어가기로 마음먹고 대학까지 수백 킬로미터가 넘는 길을 걸어 학교에서 학장을 만났습니다. 학장이 보니 꾀죄죄하고 냄새나는 흑인 소년이 공부를 하러 왔다고 하는데 학장은 그냥 쫓아버리기가 곤

란해서 이리저리 궁리를 하다가 큰 강당으로 데리고 가서 일단 청소를 하라고 시켰습니다. 부커 티 워싱턴이 한참 강당을 청소하는데 갑자기 구석구석을 깨끗하게 닦아야겠다는 마음이 들어서 강당을 청소한 후 다시 구석구석을 잘 닦았습니다. 저녁이 다 되어서 학장이 왔는데, 그 학장은 다른 데는 보지도 않고 강당의 구석구석마다 손가락으로 훑으며 검사를 하는 것입니다. 너무 깨끗하여 먼지 하나 찾아볼 수 없으니 이 흑인 소년을 쫓아낼 구실이 없어져 하는 수 없이 공부를 할 수 있도록 입학 허가를 해 주었습니다. 부커는 햄프턴 대학에서 공부를 하고 나중에는 햄프턴 대학의 학장이 되었습니다. 그리고 1890년부터 죽을 때까지 미국의 교육자이자 연설가, 흑인 사회의 대표적인 리더로서 활동을 했으며 흑인 대학을 두 개나 설립했습니다.

2) 자신의 준비

① 인격과 도덕성

개인의 갱신이 공동체의 갱신보다 우선합니다. 구조가 사람을 변화시키는 것이 아니라 신실한 사람이 구조를 바꾸는

하나님의 비전 이야기

것입니다. BEING을 DOING보다 우선합니다. 비전을 이루는 사람이 비전보다 중요합니다. 우리의 지위보다는 영향력이 비전을 성취하는 데 훨씬 더 중요한데, 영향력의 원동력은 도덕적인 권위입니다. 도덕적인 권위가 없다면 영향력은 오래가지 않습니다.

인격이란 사람의 됨됨인데 인격의 표출은 자기를 이기는 것으로 나타납니다. 자기를 못 이기면 다른 사람이나 환경, 사건, 질병, 분노, 실망, 혈기, 쾌락 중독 등을 이기지 못합니다. 사업에 성공은 했으나 자기 성질에 못 이겨 사고를 치면 결국 진 것입니다. 일은 제대로 했으나 건강에 문제가 생기거나 정신적으로 문제가 생기면 잘한 것이 아니기 때문입니다. 비전을 이루기 위해 사람들을 희생시키고 관계를 파괴시키는 사람들이 있는데 비전 성취보다 더 중요한 것은 우리들과 다른 사람들이 진정으로 인간답게 행복하게 사는 것입니다. 따라서 다른 사람과의 관계에 있어서 필요한 요소들이 있습니다.

② 희생 정신과 겸손

지도자는 비전을 성취하기 위해 기꺼이 희생할 마음가짐이 있음을 보여 주어야 합니다. 비전을 이루려고 할 때, 오락이나 취미 등을 조심해야 합니다. 정당화할 수 있는 것들도 있겠지만, 이러한 것들 때문에 비전 성취가 늦어지곤 합니다. 그러므로 비전을 성취하기 위해서는 정당하다고 생각하는 것들까지도 희생해야 합니다. 또한 비전을 이루기 위해서는 철저히 낮아져야 합니다.

③ 믿음과 인내

커다란 비전을 추구하는 데는 큰 믿음과 인내가 필요합니다. 비전이 성취될 가능성이 희박한 상황에서도 믿음을 갖고 인내해야 합니다.

인생은 마라톤 경주와 비슷합니다. 목적지까지 앞서거니 뒤서거니 하는 것은 별로 중요하지 않습니다. 아무리 잘 달려도 중도에 포기하면 소용이 없습니다. 어떠한 어려움이 있어도 장애물이 있어도 포기하지 않고 끝까지 달려가 목적지에 골인하는 것이 중요합니다. 인생에 있어서도 비전과 분명한 목표를 향해 포기하지 않고 꾸준히 전진하는 것이 중요합니다.

인간의 한계는 동물보다 위이며, 신(神)의 바로 아래다.

약 3,300년 전(B.C 1,300년)에 이스라엘의 갈렙은 85세에 비전을 이루었습니다. 그는 40세에 이스라엘 민족이 애굽에서

하나님의 비전 이야기

나와 여호와 하나님께서 약속하신 젖과 꿀이 흐르는 가나안 땅을 열두 명의 정탐군과 함께 정탐할 때에 여호수아와 같이 성실하게 믿음으로 모세에게 보고함으로 가나안 정복의 약속을 받고 그 비전을 품고 45년을 인내하며 기다렸다가 85세에 그 꿈을 이룬 사람으로 역사에 길이 기록이 되었습니다.

(구약 성경 여호수아에서 인용)

중국의 4대 사막 중 하나인 내몽고 자치구 마오우쑤 사막에 위치한 징베이탄은 폐허가 되어 사람들은 모두 도시로 떠나가 버렸고, 그곳에는 한 남자만 살았는데 '인위쩐'은 1985년 20대 초반에 그와 결혼을 했습니다. 그리고 남편과 단둘이 살면서 20년 넘게 사막에 나무 심기를 시작했습니다. 나무들은 모래바람에 덮여 자라지 못하고 죽었지만 그는 계속해서 나무를 심었습니다. 나무를 파먹는 벌레들과 강도 같은 도벌꾼들의 위협에도 전혀 굴하지 않고, 계속 나무를 심어 드디어 숲을 이루고 숲에는 새들이 날아들었으며, 깨끗한 우물과 풀밭이 있는 아름다운 마을이 되었습니다. 인위쩐은 새벽 3시에 일어나 19km나 떨어진 묘목장에 가서 묘목과 풀씨를 사 오고, 나무를 심는 일을 계속함으로 사막을 옥수수밭으로 만들고 토끼와 닭을 키우는 곳으로 만들었습니다. 절망의 징베이탄이 지금은 80여 가구가 모여 사는 행복한 마을이 되었습니다. 20년 동안 묵묵히 나무를 심어 온 여인은 1,400만 평의 사막을 숲으로 가꾼 위대한 영웅이 되었습니다. 그의 이야기는 메스콤을 타고 전 세계로 퍼져 나갔으며, 그녀는 전 세계 모든 사람들에게 희망이 되었습니다. 그녀는 연약한 여자이지만 그의 의지와 신념은 연약하거나 무능하지 않았습니다.

비전을 품고 포기하지 않는 사람은 반드시 꿈을 이루게 됩니다.

④ 건강

비전을 이루는 데 필수적인 요소가 바로 건강인데 건강하지 못하면 비전을 이룰 수 없게 됩니다. 아무것도 할 수 없게 됩니다.

토끼와 거북이 경주 이야기는 우리에게 천부적인 재능보다는 '꾸준하게 지속하는 힘'의 중요성을 말해 줍니다. 토끼는 분당 55회의 호흡을 하고 거북이는 분당 3~5회의 호흡을 한다고 합니다. 토끼의 평균 수명은 10년이고 거북이의 평균 수명은 193년이라고 합니다. 토끼와 거북이 중 누가 더 인내심이 강한가? 말할 것도 없이 거북이입니다. 인내심이

하나님의 비전 이야기

강한 거북이가 토끼보다 20배를 살고, 토끼보다 평균 180년
을 더 삽니다.

3) 자원의 준비

비전을 이루어 가는 과정에서 자원이 중요한데, 그 자원
중에서 중요한 것이 인간관계이고, 인간관계에 있어서 중요
한 것이 대화입니다.

대화의 단계

1단계: 기초적인 대화 단계로 일상적이고 의례적인 인사
나 악수만 하는 것이다.

2단계: 사실을 중심으로 대화를 하지만 자신이나 내면에
대한 이야기는 없다.

3단계: 자기 내면의 생각과 판단을 말하고 자신의 느낌이
나 감정까지 나눈다.

① 인적 자원

비전은 혼자 이루는 것이 아니고 혼자 이룰 수 있는 것도
아닙니다. 비전을 발견하고 깨닫는 데도 도움이 필요하지만
비전을 이루어 나가는 과정에서는 여러 사람의 도움이 반드

시 따라야 합니다. 비전을 달성하려면 어떤 도움을 받아야 하는가? 자신이 교제를 나누거나 혹은 끊어야 할 대상은 누구인가?

비전을 달성하려면 스스로를 훈련시키고 지혜로운 조언을 따라야 합니다. 이 과정에서 가족이나 친구의 소중함을 알게 되고 이웃의 중요성을 배우게 됩니다. 그리고 스승과의 좋은 관계가 이루어지게 됩니다. 인류 역사에 비전을 성취한 사람들의 공통점이 좋은 멘토와 지속적인 관계가 있었다는 것입니다.

② 팀워크와 네트워크

비전은 혼자 이루어 가는 것이 아니고 더불어 이루어 가는 것입니다. 함께 비전을 다듬는 시간이 많을수록 큰 힘을 갖게 되고 공유가 잘 됩니다. 서로의 업무를 알고 있어야 하며 일을 조화시키기 위해 어떻게 함께 일해야 하는지를 알고 있어야 합니다. 정기적으로 목표를 재점검하고 일의 진행 상황을 보기 위해 개별적으로 만나야 합니다. 혼자서 성공하는 사람은 드뭅니다.

링컨에게는 그랜트, 미테, 후커가 있었고, 워싱턴에게는 제퍼슨, 프랭클린이 있었습니다. 에디슨에게도 그를 돕는 일단의 연구 조사 및 실험 위원들인 그의 동료 칼스타인메

츠 박사를 포함한 동료들이 있었던 것입니다.

　인생에서 이루어지는 업적 중 혼자 이루어지는 업적은 아주 드뭅니다. 물론 그 공적은 한 사람에게 돌아갈 수 있지만 그러나 궁극적으로 어머니, 아버지, 친구, 친척 및 다른 사람들이 있었기 때문에 자신이 그 자리에 이를 수 있었다는 사실을 인정해야 합니다. 많은 지도급에 있는 사업가들은 어떤 사람의 위대성을 시험하려면 그 사람이 고용하는 사람을 보면 안다고 말합니다.

　'혼자 다 하려고 하지 말라. 그러면 지쳐서 나가떨어질 것이다.'

③ 멘토

　사람은 사회적인 동물입니다. 인류 역사상 위대한 업적을 이룬 사람들을 보면 모두 멘토가 있었습니다. 부족할 때 도와주고 힘들어할 때, 용기와 격려를 하며, 필요할 때, 도와주며 넘어질 때, 일으켜 주고 방향이 어긋날 때, 바른 방향으로 인도해 주는 멘토가 있어야 합니다.

　멘토는 가족이나 친구가 될 수도 있고 스승이 될 수도 있고 함께 일하는 직장 동료도 될 수 있고, 서적이나 자료를 통해 과거의 역사적 인물이나 현재의 영향력 있는 좋은 사람들이 될 수도 있습니다.

에이브러햄 링컨(Abraham Lincoln) 대통령은 "오늘 내가 있기까지는 모두가 어머니의 영향입니다. 나는 어머니로부터 더 좋은 세상을 꿈꾸는 것을 배웠고 어려움이 생기고 고난이 겹칠 때 그 꿈을 결코 포기하지 않고 보호하고 가꾸어 가는 것을 배웠기 때문입니다."라고 했습니다.

1849년 미국 뉴잉글랜드에서 정직하고 성실하게 세관 감정관으로 일하던 한 남자가 너무 고지식하다는 이유로 해고되어 실직을 하였는데 그의 아내는 그에게 "여보, 잘된 일이 아니에요. 이제야 당신이 하고 싶었던 꿈을 이루실 때가 되신 것 같네요. 글을 쓰고 싶어 하셨잖아요. 소원대로 글을 쓰시지요." 그는 아내의 부탁으로 창작활동을 시작하여 불과 반년이 못 되어 그 유명한 소설 〈주홍글씨〉가 세상에 태어나게 되었는데, 그가 나다나엘 호손입니다.

④ 관계의 중요성

비전을 성취하는 과정에서는 사람과의 관계가 중요합니다. 비전의 성취 과정을 통해서 협동심과 사회성을 배우고,

하나님의 비전 이야기

희생과 봉사의 정신을 갖게 되며 가치관을 세우게 됩니다. 비전의 성취 과정을 겪으면서 우정이나, 가족의 소중함, 스승과의 귀한 관계를 갖게 됩니다.

한국 유리 회장이었던 최태섭 회장은 평안북도에서 1910년 8월 26일 출생하여 변호사가 되려고 공부하던 중, 헌법에 일본 천왕을 신성으로 받들어야 한다는 조문을 보고 포기하고 사업을 시작했습니다. 그때 그가 취급하던 콩값이 폭등하여 계약을 취소하면 쌀 천 가마나나 되는 돈을 벌 수 있었지만 본래 계약대로 진행하여 중국인들에게 아주 큰 신임

을 얻게 되었고, 중국인들이 그 이후 생산한 콩을 최태섭 회장에게 몰아 주어 큰 이익을 얻었다고 합니다. 그 후 1945년에 해방이 되어 많은 기업주들이 인민재판으로 목숨을 잃었는데, 질이 나쁜 노동자가 회사의 노동자들을 선동하면서 최태섭 회장을 죽여야 한다고 하였으나 도리어 선동하는 노동자를 비난하면서 최태섭 회장과 같은 분을 처형하면 안 된다고 하며 선동하는 노동자를 처벌하였다는 일화도 있습

니다. 노동자들을 가족같이 사랑했던 최태섭 회장을 평소에
존경하고 따랐던 노동자들이 살린 것입니다.

⑤ 물적 자원

비전을 이루는 데는 도움을 받을 수 있는 물적 지원의 체
계를 만드는 것이 필요합니다. 어떤 책을 읽고 어디서 경험
을 쌓을 수 있는가? 비용은 어느 정도 들겠는가? 자원을 명
시합니다.

3. 비전 성취의 실행

1) 계획 수립과 문서화

일을 성사시키기 위해서는 시기와 방법을 분명하게 기술해야만 합니다.

① 내가 달성하고자 하는 일은 무엇인지 구체적으로 써 본다.

② 나의 장점과 약점은 어떤 것들인지 구체적으로 써 본다.

③ 나는 어떤 분야에 소질이 있는지 생각해 보고 써 본다.

비록 부족한 것 또는 약점이 있더라도 그것을 부끄러워할 필요는 없습니다. 자신의 비전이라 할지라도 혼자 힘으로만 그 일을 성취할 수 없는 문제이기 때문입니다. 자신의 약점을 알아야 다른 사람의 실제적인 도움을 받을 수 있습니다.

※ 문서화

비전을 간단하고 쉽게 표현하여 글로 써서 가지고 있는 것이 필요합니다.

글로 기록하여 문서로 만든 것은 흘러가 버리는 말보다 두고두고 눈으로 읽고 스스로에게 다시 확인시키는 좋은 도구입니다.

  * 교육 철학자 존 듀이는 이렇게 말했다.

  "분명하게 인식되고 잘 정의된 문제는 절반이 해결된 것과 마찬가지다."

2) 집중과 반복

  계속해서 내가 이뤄야 할 꿈을 바라봅니다. 바라봄은 열정을 낳습니다. 비전과 꿈을 바라보면 두려움이나 걱정이 물러가고 집중과 열정이 나를 사로잡게 됩니다. 그리고 그때부터 내 모든 신경 세포와 호르몬의 움직임도 성공을 위해 달려가게 됩니다. 무엇을 하느냐보다는 어떻게 하느냐가 더 중요합니다.

  ※ 비전을 방해하는 요소
  1. 전통
  좋은 전통은 새로운 비전을 환영하지만 나쁜 전통은 비전을 방해한다.
  2. 두려움
  비전의 사람은 미래에 대해 불안해하거나 두려워하는 대

하나님의 비전 이야기

신 기대와 흥분을 느낄 수 있어야 한다.

3. 무사안일

무사안일이란 현재만 잘 넘어가면 더 바랄 것이 없다는 삶의 태도인데 이런 태도가 바뀌지 않으면 그 어떤 것도 바꿀 수 없다.

4. 자기만족

이제 되었다고 하는 사람은 발전하지 못한다. 라이트 형제가 하늘을 나는 비전을 가지고 처음 완성한 비행기는 1분도 날지 못한 장난감 같은 정도의 비행기였다. 라이트 형제는 만족하지 않고 계속 연구를 하였으며 그 결과 오늘의 비행기까지 오게 된 것이다.

5. 만성적 피곤

건강하고 여유가 있어야 비전을 만들고 추구하고 성취할 수 있다. 항상 피곤하다는 것은 자기 관리가 안 되고 있다는 증거다.

6. 근시안적 사고

미래를 보지 못하는 사고방식은 조심해야 할 경계 대상이다. 눈을 들어 높이 보아야 한다. 까마귀는 1만 미터 이상을 오르지 못한다. 독수리처럼 창공을 높이 오르는 사람이 되어야 한다.

7. 고정 관념 (알바니아 인사법)

비전을 성취하기 위해서는 고정 관념을 버려야 합니다. 고정 관념은 사람들에게 깊이 뿌리가 박혀 좀처럼 거기서 헤어 나오지 못하기 만들기 때문에 많은 사람들이 어려움을 당하거나 답답한 일을 겪고, 또 종종 좋은 기회를 놓치기까지 합니다. 문제 해결을 위해서는 열린 마음과 시각이 필요한데 고정관념은 이런 것들을 막아 버리는 역할을 하기 때문입니다.

이런 실험이 있습니다. 얇은 종이를 50번 접으면 그 두께가 얼마 정도 될까 하는 것입니다. 결론부터 말하자면 지구에서 달까지의 거리인 약 38만 킬로미터가 됩니다. 이와 같이 우리의 생각이 전혀 다를 수도 있다는 것을 알아야 합니다.

어떤 사람이 전에 알바니아를 다녀온 적이 있습니다. 알바니아 관광지를 가다가 공중화장실이 있어 들어가려고 하니 우리 돈으로 약 500원 정도를 받는데, 지갑을 두고 왔기에 손짓으로 이따 돈을 줄 테니 들어가자고 했습니다. 당연히 오케이 할 줄 알았는데 뜻밖에 고개를 좌우로 흔드는 것입니다. 다시 한 번 부탁을 해도 여전히 고개를 좌우로 흔드는 것입니다. 나중에 가이드에게 그 일을 이야기하니 알바니아 인사는 고개를 좌우로 흔들면 오케이 하는 것이고 아래위로 흔들면 아니라는 것입니다. 살면서 이런 생각은 꿈에도 하지 못했습니다. 고정 관념이 완전히 깨진 것입니다.

우리가 지금 옳다고 하는 생각들이 맞는 것인가 한 번 생각해 볼 필요가 있습니다.

3) 평가와 조정

비전을 세우고 방향을 설정한 후 실행으로 옮기기 위해서는 관리가 필요합니다. 조언과 지원 등의 재조정 작업을 지속적으로 해 주는 것이 필요합니다. 비전은 점진적으로 발전적인 변화가 있기 때문에 항상 비전에 초점을 맞추고, 필요하다면 목표를 수정할 각오도 해야 합니다. 변화가 일어날 때, 새로운 도전이나 기회라고 생각해야 합니다. 반대의 벽에 부딪칠 때, 또는 단호한 거절이 분명한 방향을 제시하는 경우가 있습니다. 반대로 마음에 안 들어도 전진해야 할 때가 있습니다. 행동할 때 두려움이 있을 수 있지만 그것을 피하려고 하지 말고 오히려 그 두려움을 느끼면서 전진해야 합니다.

현재에 집중하되 매 순간마다 비전에 일치되도록 행동해

야 합니다. 현재와 미래를 동시에 보는 안목이 필요합니다.

나이아가라 폭포에는 구름다리가 있습니다. 그 폭포에, 어마어마한 너비의 폭포를 어떻게 가로질러 구름다리를 놓을 수 있었을까요? 그 대단한 작업은 바로 다음과 같이 이루어졌습니다. 맨 처음에는 솔개가 폭포를 가로질러 날게 하였습니다. 그다음에는 솔개에 실을 매달아 그 폭포를 통과하게 한 다음, 그 실에 로프가 접착되었고, 그다음에는 그 로프에 케이블이 연결되었고, 결국은 다른 부수물과 케이블이 서로 연결되어 멋진 구름다리가 놓이게 된 것입니다. 비전의 시작은 솔개의 다리에 매어진 실처럼 시작이 되지만 비전이 이루어질 때에는 거대한 다리처럼 됩니다. 끊임없이 자기 자신에게 응원을 보내십시오. "실패하더라도 과감하게 시도해 보자! 그리고 절대 포기하지 말자!" 작은 결심이라도 그 결심한 것을 이루었다면 스스로에게 치킨이라도 사 주면서 격려를 해 줄 필요가 있습니다. "잘했어. 역시 넌 대단한 사람이야! 다음에는 더 잘할 수 있을 거야." 이렇게 격려를 해 주면 비전을 이루어 가는 여정 속에서 지치지 않고 꾸준히 힘을 내는 데 대단히 좋은 효과가 있습니다.

끝이 언제입니까? 내가 끝이라고 생각하는 바로 그때가

하나님의 비전 이야기

끝입니다. "이건 끝이 아니고, 끝까지 가 봐야 알겠다. 이것은 오히려 시작이다."라고 생각하는 사람에게는 그것은 시작일 뿐입니다. 승부는 끝에서 나는 것입니다. 여기서 역전패도 되고, 역전승도 됩니다. 끝까지 가 보기 전에는 다 됐다고 하지도 말 것이고, 끝났다고도 하지 말아야 합니다.

기획면 - 특별 좌담회 '생각의자'

비전 이야기를 마무리하기 전에 뜻있는 모임을 갖고자 합니다. 인류 역사에 비전의 생각으로 큰일을 이룬 몇 분을 모시고 특별 좌담회(discussion)를 갖고자 합니다.

명칭은 '생각의자'입니다.

주최는 한국비전연구소이고 사회는 한국비전연구소 소장이 하겠습니다. 이것은 가상 현실입니다.

게스트(guest)

여호수아: 3,500년 전 이스라엘 지도자

히스기야: 2,700년 전 유다 왕

서희: 1,080년 전 고려의 외교관

이순신 장군: 430여 년 전 임진왜란에서 나라를 구한 장군

라이트 형제: 비행기를 발명한 형제

빅터 프랭클: 2차 세계 대전 당시 아우슈비츠 포로 수용소에서 생존. 세계적인 정신 의학자로 '로고테라피'의 창시자

닉 부이치치: 1982년생으로 사지가 없이 왼쪽에 짧은 발

하나만 있다. 전 세계에 1,500회 이상의 강연을 했다.

이상의 참석자들은 본 책의 내용에 보다 자세한 기록이 있으니 참고 바랍니다.

옵서버(observer)

강명금: 아이브(IVE) 원장, 심리 상담가

사회자:	이 모임은 시간적으로 3,500년 이상의 차이가 나는 시대에 다른 환경에서 살던 사람들이 비전의 생각으로 세상에 커다란 영향력을 끼쳤다는 공통점을 갖고 있기에 그것에 대해 이야기하고자 모인 것입니다. 이들의 또 하나의 공통점은 컴퓨터나 인터넷의 어떤 도움이나 영향을 전혀 받지 않고 오직 한 가지 생각만으로 비전의 역사를 만들었다는 것입니다. 시작하기 전에 멀리서 오신 여호수아 님에게 한 가지 궁금한 점을 여쭈어 보겠습니다.
여호수아:	네. 물어보시죠.
사회자:	여호수아 님이 계신 데서 여기까지 오시는 데 시간이 얼마나 걸리셨나요.

여호수아:　금방 왔죠. 연락을 받고 오는 데까지 1분도 안 걸린 것 같은데요.

사회자:　아니, 그렇게 빨리 오셨어요. 거기서 지구까지 거리가 얼마나 됩니까?

여호수아:　그 거리는 지구에 사는 사람들의 머리로는 측정이 안 되고 상상도 못 합니다. 예를 들면 지구의 메뚜기가 우주선의 속도를 이해를 못 하는 것과 같습니다. 지구에서 화성의 거리가 약 7,500만 킬로미터라고 하는데 현재 과학의 기술로 2~3년이 걸리고, 태양은 거리가 배니까 5~6년 걸리는데 태양의 위에 있는 은하계까지 빛으로 오려고 해도 수억 년 이상이 걸리는데, 그런 측정 가능한 은하계가 수백조가 있고, 볼 수 없는 더 먼 거리의 별들. 그 별들 위에 있는 천국이니 어떻게 그 거리를 설명할 수 있겠어요. 거리 개념이 달라요.

사회자:　아니, 그럼 그런 천국에서 금방 오셨다는 건가요.

여호수아:　그렇죠. 그게 생각의 놀라운 점이죠. 지금 얘기 중에도 제가 천국을 갔다 옵니다. 생각은 신비하고 놀라운 것이 있습니다. 내가 알기로는 소장님이 쓴 책 〈세상을 살리는 하나님의 비전

하나님의 비전 이야기

이야기〉에도 그 문제를 약간 언급을 한 것 같은데요.

사회자: 네. 맞습니다. 그래도 이 정도인 줄은 몰랐습니다. 참고하겠습니다. 그럼 지금부터 생각의자 모임을 시작하겠습니다. 맨 먼저 연장자순으로 여호수아께서 말씀해 주시면 감사하겠습니다.

여호수아: 감사합니다. 다 훌륭한 분들인데 제가 나이가 많다고 먼저 발언을 할 수 있게 해 주셔서 감사합니다. 여러분도 아시다시피 저희가 출애굽을 하고 홍해와 광야를 거쳐 약속의 땅에 도착했을 때 거기에는 오랫동안 거주하고 있던 난폭한 유목민인 아모리 족속이 버티고 있었습니다. 무기나 군사력에서 우월한 아모리족 과의 전투는 속전속결로 빨리 마무리해야 하는 상황이라 해가 지고 어두워지면 저희 군사들에게 절대 불리한 상황이었습니다. 그들을 이길 유일한 방법은 해가 오래 떠 있어서 전쟁터를 밝게 해서 저희 군대가 아모리족을 전멸시키는 것입니다. 만일 해가 지면 그 지형에 어두운 아군이 적들에게 전멸할 위험에 처하게 되는 것입니다. 그때 저는

생각하기를 만일 태양이 온종일 지지지 않고 그대로 있으면 되겠다 싶은 마음이 들면서 태양을 향해 과감하게 명령을 한 것입니다. 조금도 의심하지 않고 하나님을 믿고 소리를 질렀는데 여러분이 아시는 바와 같이 태양과 달이 그날 꼼짝하지 않고 그대로 있었고 전쟁을 승리하고 아모리족을 전멸시켰습니다. 사실 저의 믿음은 초대 지도자인 모세와 함께 홍해를 건너면서 배운 것이며 또한 40년 광야를 지나면서 하나님의 기적을 보면서 배운 것입니다. 하나님의 영광을 위해 하나님의 뜻대로 순종하면 어떤 일에도 불가능이 없다는 사실입니다.

태양을 향해 명령하고 전투할 때는 몰랐는데 전투가 끝나고 아직도 태양이 그 자리에 있는 것을 보고 저도 전율했으며 하나님의 위대하심에 다시 한 번 경외감을 느꼈습니다. 하나님은 천지를 창조하신 분인데 말입니다.

참석자 일동: 와! 대단하십니다.

사회자: 그럼 다음으로 히스기야께서 말씀해 주시기 바랍니다.

하나님의 비전 이야기

히스기야: 안녕하십니까? 히스기야입니다. 방금 여호수아 선배께서 이야기하셨는데, 저도 특별한 경험을 했습니다. 저는 당시 의학적으로 당장 죽을 상황이었습니다. 그래서 왕이지만 어린애처럼 울면서 하나님께 살려 달라고 매달렸습니다. 하나님이 저의 눈물의 기도를 들으시고 15년 수명 연장을 주시면서 증표를 주시겠다고 하셨는데 당시 시간을 측정하는 해시계를 통해서 둘 중에 하나를 결정하라고 하셨습니다. 오늘날 기준으로 하면 시간을 앞으로 20분을 가게 하거나 아니면 뒤로 20분을 가게 하는 것을 선택하라고 하셨습니다. 제 생각에 시간은 앞으로 가니까 뒤로 가는 것으로 해 달라고 하나님께 부탁을 드렸는데 하나님께서 해시계를 뒤로 가게 하셔서 증거를 보여 주셨습니다.

　물론 하나님께서 저의 생명을 15년 더 주셨습니다. 그저 감사할 따름입니다.

사회자: 놀라운 일입니다. 감사합니다. 그럼 다음으로 서희 외교관이 말씀해 주시기 바랍니다.

서희: 반갑습니다. 고려의 서희입니다. 저는 약 천 년 전에 거란이 쳐들어왔을 때 거란의 장수인 소손녕과 담판을 했습니다. 왜 고려를 침공하느냐고 하니 자기들의 목적은 말갈족의 소탕인데 그들을 치는데 중간에 고려가 있어서 고려를 치는 거라고 해서 제가 말했습니다. 그러면 우리가 알아서 말갈족을 처리할 테니 대신 강동 육주 땅을 우리에게 넘기라고 해서 화살 하나 쏘지 않고 평화롭게 강동 육주까지 얻었지요. 사람들은 저를 대단한 외교관이라고 하지만 저는 단지 제 생각으로 비전의 믿음을 갖고 실천한 것뿐입니다.

참석자 일동: 그래도 전쟁을 피 한 방울 흘리지 않고 해결한 데다 영토까지 얻었으니 외교 역사에 대단한 업적입니다.

사회자: 감사합니다. 다음은 이순신께서 발언해 주시기 바랍니다.

이순신: 반갑습니다. 이순신입니다. 저는 약 400년 전에 왜군이 임진왜란으로 침공했을 당시 여러 가지 모함과 오해로 감옥에 있다가 나왔습니다. 수군

하나님의 비전 이야기

이 거의 전멸하고 저희들의 전투할 배가 12척만 남았을 당시 제가 해전의 총사령관으로 전쟁을 하게 되었는데 상황이 생각보다 상당히 어려웠습니다. 배의 숫자나 병력 면에서 왜군은 열 배가 넘었으며, 더욱 힘들었던 건 아군의 사기였습니다. 병사들은 물론 중간 지휘관들까지 싸울 의욕이 전혀 없었으며 심지어 일부 지휘관은 뒤로 도망까지 했습니다. 제가 그 모습을 보고 기가 막혔습니다. 전투 중에 그 지휘관을 처벌할 수도 없고 당장 눈앞에서 달려드는 왜군과 목숨 걸고 전투를 하면서 참으로 마음이 복잡했습니다.

나중에 들으니 언덕에서 그런 광경을 보던 백성들이 통곡을 했다는 것입니다. 그러나 분명한 것은 저는 반드시 이긴다는 생각과 비전을 갖고 있었다는 것입니다. 당시 조선에는 성경도 없었고 여호수아나 히스기야 선배들처럼 하나님을 알 만한 것들이 전혀 없었는데 제 마음에는 천지를 만드신 하늘의 신이 계심을 믿었고 그분이 도와주실 것을 확인하였습니다. 나중에 보니 그분이 하나님이심을 알았지만 말입니다. 당시 저를 제외하곤 당시 전쟁을 승리할 것을 믿은 사

람은 아무도 없었습니다. 저는 분명히 전쟁에서
이긴다는 생각과 비전이 있었고 그런 마음을 아
신 하나님께서 도와주신 것 같습니다.

참석자 일동: 우리가 봐도 그 전쟁은 승리가 불가능한 전쟁인
데 하나님께서 도우신 것이 분명하네요.

사회자: 감사합니다. 다음으로 나이가 제일 어린 라이트
형제 차례입니다. 회의 진행상 형인 윌버 라이
트가 발언하겠습니다. 발언해 주시기 바랍니다.

윌버 라이트: 안녕하세요. 저는 형인 윌버 라이트(Wilbur
Wright)고 동생의 이름은 오빌 라이트(Orville
Wright)입니다. 제가 10살, 동생이 6살 때였던
1877년에 하늘을 날겠다는 비전을 갖고, 사람
들에게 말했을 때 사람들은 저희를 미쳤다고 비
웃었지요. 저희 형제를 빼고는 아무도 안 믿었
어요. 그러나 저희는 실망하지 않고 열심히 노
력하여 비전을 품은 지 26년이 되는 1903년 가
솔린 엔진과 프로펠러를 장착한 비행기를 결
국 하늘로 날아올렸고 그 비행기는 59초 동안
255.6m를 비행하였습니다. 그 이름은 '플라이어

하나님의 비전 이야기

1호'였습니다. 그때, 얼마나 감격스러웠는지 모릅니다. 지금은 사람들이 달도 갔다 오고 있는 것을 보고 보람을 느끼고 있습니다.

참석자 일동: 와! 박수입니다. 대단해요.

라이트 형제: 감사합니다.

사회자: 다음으로 빅터 프랭클 씨가 발언하겠습니다.

빅터 프랭클: 안녕하십니까, 빅터 프랭클입니다. 저는 2차대전 당시 아우슈비츠 수용소에서 기적적으로 살아났습니다. 물론 말할 것도 없이 하나님께서 살리셨지요.

저는 3년 동안 네 군데의 수용소를 거쳤으나 끝내 살아남았습니다. 저는 수용소에서 깨진 유리 조각을 갖고 매일 면도를 하며 희망을 잃지 않았고 독일 간수들의 가혹한 핍박을 받으면서 마음으로 "당신들이 내 육체를 아무리 괴롭히고 고통스럽게 해도 내 마음은 손댈 수 없다"고 다짐하며 이겨 냈습니다. 나중에는 독일 간수들이 인생 상담을 요청하기까지 했습니다. 제가 말씀드리고 싶은 것은 사람의 생각이 얼마나 놀라운지 그리고 비전은 포기하지 않으면 반드시 이루어진다는 것입니다.

참석자 일동: 대단하네요. 아우슈비츠 수용소에서 살아남은
         것도 대단한데 비전을 붙잡고 끝까지 승리했다
         는 것을 축하해 드리고 싶습니다.
빅터 프랭클: 감사합니다.
사회자: 이제 마지막으로 닉 부이치치 씨를 소개하겠습
         니다. 이분은 현재 생존해서 활동 중인 분인데,
         손과 발이 없이 태어난 분입니다. 왼쪽에 짧은
         발 하나만 있습니다. 그럼에도 불구하고 전 세
         계에 다니며 1,500회 이상의 강연을 하고 수많
         은 사람들에게 희망의 메시지를 전하여 용기와
         희망을 주고 있는 비전의 사람입니다.

닉 부이치치: 안녕하십니까? 닉 부이치치입니다. 보시다시피
         저는 팔다리가 없이 태어나서 왼쪽에 짧은 발만
         있습니다. 육체적인 고통과 불편함은 말할 것도
         없고, 정신적인 고통이 나를 너무 힘들게 했습
         니다. 어릴 때 두 번이나 극단적인 선택을 하려
         했습니다. 그러다 생각을 고쳐먹고 비전을 발견
         하고 새로운 인생을 살게 되었습니다. 전 세계

하나님의 비전 이야기

를 다니며 저와 같은 사람들과 또 육체는 건강하지만 정신적인 고통을 당하는 청소년들에게 비전을 심어 주고 있습니다. 현재 결혼해서 4명의 자녀들이 있습니다. 저는 하나님께서 저를 이렇게 귀하게 쓰실 줄은 정말 몰랐습니다.

참석자 일동: 박수를 안 칠 수 없습니다. 정말 귀한 사역을 하고 있습니다.

사회자: 감사합니다. 지금까지 여러분들이 각각 다른 시대에서 다른 환경에서 또 다른 상황에서 한 가지, 생각으로 그 상황들을 해결하고 비전을 이루었다는 공통점을 이야기해 주셨습니다. 이제 옵서버로 참석해 주신 아이브 강명금 원장께서 소감을 말씀해 주시기 바랍니다.

강명금: 안녕하세요. 이 귀한 자리에 초대해 주셔서 감사드립니다. 저는 여러분들의 말씀을 들으면서 몇 번이나 벅찬 감동과 함께 전율을 느꼈는지 모릅니다. 이 자리에 하나님이 함께 역사하심을 느꼈습니다. 부족하지만 여러분들의 말씀을 제 나름대로 정리를 해 보았습니다.

우선 비전의 사람들의 공통적인 특징이 생각한다는 것입니다. 비전이 이루어지는 일정한 패턴[pattern]이 있는데, 먼저 생각하고, 그리고 믿고 행동한다는 것입니다. 그다음 때가 되면 생각이 현실로 나타납니다. 생각하고 믿는 것이 동시에 일어나는 경우도 있고 시간을 두고 일어나는 경우도 있습니다. 하여간 생각하고 믿으면 행동이 따릅니다. 그리고 생각의 결과가 나타납니다. 생각의 결과가 나타나는 시간은 사람과 사건이나 일에 따라 다르지만 생각의 결과가 나타나는 것은 다 같습니다. 언제나 시작은 생각이라는 것은 같습니다. 그리고 비전의 생각은 반드시 이루어졌다는 공통점이 있습니다.

한 예를 들어 본다면 400여 년 전 이순신 장군이 명량해전에서 12척의 배로 열 배가 넘는 엄청난 왜군과 전투를 시작할 때, 선조 왕도 승리를 전혀 생각지 않았고 함께 배에서 전투에 동참한 병사들과 적군들도 다 그랬고 이순신 장군이외에는 승리한다는 생각을 한 사람이 누가 있었습니까? 한 사람의 생각이 불가능한 전쟁을 승리로 이끌었으며 나라를 구한 것입니다. 생각의 위대함입니다. 생각을 바로 하면 어떤 놀라운 일이 일어날지 모릅니다. 생각하고 믿고 행동하면 상상할 수 없는 일을 보게 됩니다. 인간은 생각하는 위대한 존재라는 것을 다시 한 번 절실히 깨달았습니다.

마지막으로 고려의 서희 외교관과 조선의 이순신 장군 두 분은 당시 성경이나 교회가 없던 시대라 하나님과 예수님을 모르셨지만 신실하신 하나님께서 두 분의 중심을 아시기 때문에 하나님의 주권으로 선하고 공평하게 인도해 주심을 믿습니다.

서희, 이순신: 감사합니다. 고맙습니다.

사회자: 감사합니다. 오늘 바쁘신 가운데 아주 멀리서 하늘에서 오시고 또 현장 사역을 하시다가 오신 닉 부이치치 선생님과 옵서버로 참석하셔서 귀한 코멘트를 해 주신 아이브의 강명금 원장님께도 감사드립니다. 그러면 안녕히들 돌아가시고 이다음 모두 한자리에서 만나요. 고맙습니다.

4. 사명 선언문[7]

아프리카의 탐험가 리빙스턴은 "사명이 있는 자는 죽지 않는다."고 했습니다. 사명은 하지 않으면 안 되는 것이고, 안 할 수 없는 그 무엇입니다. 따라서 사명이 있는 자는 그 사명을 이룰 때까지는 죽을 수도 없는 것입니다. 대부분의 사람들이 활력이 없고 즐거움과 기쁨이 없이 살아가는 이유가 자신들의 사명을 모르고 살기 때문입니다. 사명을 알게 되면 그 직업 자체가 목적이 아니라는 사실을 알게 되고 그와 동시에 그것이 사명에 따라 올바르게 살아가도록 돕는 것임을 알게 됩니다.

호박벌은 얇은 날개에 비해 뚱뚱한 2.5cm의 몸 때문에 공기역학적으로 나는 게 불가능하다고 하며, 공중에 떠 있는 것조차도 안 된다고 하는 벌입니다. 그런데 이 호박벌이 하루에

---

7 개인이나 기업의 존재 이유를 문서로 공식화한 것

하나님의 비전 이야기

200km를 비행하면서 꿀을 딴다는 사실이 사람들을 놀라게 하고 있습니다. 어떻게 그런 일이 가능한 것일까요? 호박벌은 자기가 날 수 없고, 공중에 떠 있을 수 없다는 사실을 알지 못하고 관심도 없습니다. 오로지 꿀을 따야겠다는 목표만 있습니다. 꿀을 따기 위해서는 날개를 이용해 이동을 해야 하는데, 호박벌은 1초에 날개를 200번 움직이는 그야말로 진동 수준의 날갯짓을 한다고 합니다. 이렇게 날갯짓을 하다 보니 후천적으로 날갯죽지 안에 근육이 생겨 하루에 200km를 날아다닐 수 있게 된 것입니다.

사명이 있는 사람은 불가능을 이깁니다.

"남에게 오해받는 것이 그렇게 대수란 말인가? 피타고라스도, 마르틴 루터도, 코페르니쿠스도, 갈릴레오도, 뉴턴도 모두 오해를 받았다." (에머슨)

1) 사명 선언문의 중요성

비전을 추구하다 보면 여러 가지 영향이나 외압 등에 의해 그 목표가 흐려지거나 추진력을 잃어버릴 가능성이 높다. 그렇기 때문에 비전의 길을 가는 동안 핵심 신조와 행동 강령이 필요한 것이다. 또한 이것들은 우리가 비전을 완성해 나갈 때 도덕적, 윤리적 가드레일 역할을 해 줄 것이다. 핵심 신조와 행동 강령에는 일반적인 것과 특별한 것이 있는데, 일반적인 것은 모든 사람들이 고수해야 할 것들이다. 예를 들면 정직, 순수 그리고 성실 같은 것들이고, 특별한 것들은 단체가 처한 특별한 상황을 고려하여 제정해야 하는 것들이다.

사명 선언문은 어떤 환경이나 상황에 처해도 일관성 있는 행동을 하도록 하는 힘이 있다.

사명 선언문은 인생의 항로를 수정하고, 다시 항해를 개시하는 데 있어서 변하지 않는 기본 틀 역할을 한다.

사명 선언문은 가장 어렵고 도전적인 인간관계에 있어서도 변화를 이끌 수 있도록 도움을 준다.

사명 선언문은 갑옷과 칼의 역할을 동시에 수행한다. 진실은 보호하고, 거짓은 가차 없이 베어 버린다. 우리가 생각하며 창조해내는 것들은 대부분은 무의식에 의존하고 있는데 사명 선언문은 우리의 무의식에 있는 것을 의식적인 영역으로 이끌어 낸다.

사명 선언문은 '자신이 누구이며 무엇을 원하는지' 정직하게 보여 준다.

하나님의 비전 이야기

사명 선언문을 작성할 때 주의해야 할 점은 비전을 상상하고, 마음속에 새기는 일을 지속해야 한다는 것이다. 사명 선언문은 한 문장을 넘어서는 안 되며, 12살의 아이도 이해할 수 있도록 간단명료하고 쉽게 외울 수 있어야 한다.

<기적의 사명 선언문> 로리 베스 존스

서울대학교병원이나 유명 기업들은 사명 선언문을 만들어 벽에 부착해 놓았습니다. 어떤 경우에는 사명 선언문에 들어갈 몇 문장을 만들기 위해 장시간 동안 전력을 다하는 일도 있습니다.

스티븐 코비[8]는 8개월 만에 가족의 사명 선언문을 완성했다고 합니다.

한국비전연구소의 사명 선언문
"우리의 사명은 세상 모든 사람들이 비전을 발견하고 비전을 따라 살도록 돕는 것이다."

---

8 스티븐 코비(Stephen Covey): 미국의 유명한 기업인, 컨설턴트

2) 사명 선언문을 위한 질문

첫째, 당신이 가장 하고 싶은 일은 무엇인가?

둘째, 후손들에게 남기고픈 업적은 무엇인가?

셋째, 1년 3년, 5년 혹은 그 이후에도 후회가 없을 만한 일은 무엇인가?

위의 질문들을 종합하여 당신만의 사명 선언문을 작성해 보십시오.

선언문을 작성한 후에는 사명이 마음을 움직일 수 있도록 해야 합니다.

'아폴로 13'이라는 영화에서 우주 비행사들이 전지의 동력만으로 우주선을 몰아 지구로 돌아올 수 있었던 것은 창밖에 보이는 '지구'라는 비전을 갖고 있었기 때문이었습니다. 우주선의 정교한 항법 장치가 고장 나고, 지구 귀환의 희망이 사라지게 된 상황에서 지휘관의 임무는 그들의 목적지인 '지구'라는 이름의 비전을 항상 눈으로 볼 수 있도록 유지하는 것이었습니다.

사명 선언문은 비전을 잊지 않고 항상 생각하게 합니다.

하나님의 비전 이야기

비전은 진행형입니다. 라이트 형제가 처음 발명한 비행기는 59초밖에 날지 못하는 장난감 수준이었으며, 헨리 포드의 자동차는 마차를 조금 넘는 속도에서 지금은 엄청난 속도로 발전하였습니다. 비전은 이루어 가고 있는 것이며, 당신의 후손들이 완성해 가는 것입니다.

지금 시작하라!

삶에서 가장 파괴적인 단어는 '다음에'다. 다음에를 자주 사용하는 사람은 가난하고, 불행하고, 실패한다. 다음에 영어를 하겠다고 말하는 사람은 영원히 하지 못한다.

'지금'은 승리자의 단어고, '다음에'는 패배자의 단어다.

비전은 포기하지 않으면 결국, 반드시 이루어진다는 것을 알고 절대 포기하지 말고 계속 전진해야 하는 것입니다!

"사람들이 불가능하다고 하는 것을 챔피언은 해낸다."
- 미국 영화 '레이싱 인 더 레인'에서

자기가 하고 있는 일에 마음을 반밖에 쓰지 않는다면, 그것이 갑절 힘들어질 것이다. 자기가 할 일을 발견한 사람은 행복하다. 꿈을 놓치지 마라. 꿈이 없는 새는 아무리 튼튼한 날개가 있어도 날지 못하지만, 꿈이 있는 새는 깃털 하나만 갖고도 하늘을 날 수 있다.

명확한 목적이 있는 사람은 가장 험난한 길에서조차도 앞으로 나아가고, 아무런 목적이 없는 사람은 가장 순탄한 길에서조차도 앞으로 나아가지 못한다.

토머스 칼라일[9]의 명언들

"실패를 두려워하지 말고 성실하지 못한 태도를 경계하라."

---

9 토머스 칼라일(Thomas Carlyle, 1795~1881): 영국의 평론가, 역사가

하나님의 비전 이야기

부록 1. 국가 비전(단체 비전)

"비전이 없는 국가나 개인은 망한다"
Where [there is] no vision, the people perish: but he that keepeth the law, happy [is] he. proverbs 29:18
[King James Version]

역사적으로 비전이 없는 국가는 불행해졌습니다.

국가는 개인을 넘는 조직이기 때문에 구성원 전체를 염두에 두고 핵심 리더들과 비전을 공유하고 함께 토론을 함으로써 구성원 전체가 비전을 자신의 비전과 같이 생각하도록 해야 비전을 성취하는 일에 많은 사람이 동참하게 됩니다.

어려움에 직면할 때 지도자의 자세는 매우 중요합니다. 리더십이란 사람들을 이끌 수 있는 힘인데, 사람들이 따르는 것은 리더가 아니라 리더가 제시하는 비전이기 때문에, 리더는 모든 사람이 목적을 이해하고 있는지, 그리고 지지하는지 늘 확인해야 합니다. 어려움을 만날 때, 지도자가 이

에 소극적으로 대처하게 되면 아무도 비전을 위해 희생하려
고 하지 않게 됩니다. 다른 사람들이 리더보다 더 많이 희생
하고, 더 많은 위험을 감수하기를 기대하지 말아야 합니다.

1) 공유하라

어떤 조직이든 처음 3개월의 기초를 다지는 역량에 따라
분위기와 방향이 달라지기 때문에 먼저 그들의 입장에서 무
엇이 필요한지, 무엇을 원하는지를 알아야 한다. 함께 하는
사람들과 비전을 공유해야 하며, 이때, 서로의 업무를 알고
조화시키기 위해 어떻게 함께 일해야 하는지를 알아야 한다.

① 말하기 전에 준비하라

너무 서둘러서 비전을 제시하면 대개의 경우 사람들로부
터 환영받지 못한다. 사전 조사가 완전히 이루어지지 않았
다고 생각된다면 한마디도 꺼내지 말아야 하며 말하고 싶은
충동을 끝까지 참아야 한다.

② 비전을 분명하게 제시하라

비전을 공개할 때에는 비전을 성취해야 할 이유를 분명히

하나님의 비전 이야기

말해야 하며, 그것을 지금 시행해야 하는 이유도 말해야 한다. 왜 우리는 이것을 나중에 하지 않고 지금 해야 하는가?

③ 비전의 문제와 해결 방법을 제시하라

비전을 공개할 때는 비전이 다루는 문제가 무엇인지, 동시에 해결 방법이 무엇인지를 분명히 말해야 한다. 비전을 제시하는 사람이 그것을 분명히 전달하지 못한다면 아무도 그것을 따르는 사람이 없게 된다.

2) 비전의 성취

먼저 지도자 자신을 준비해야 한다. 비전 발견의 원리에 의해 비전을 발견한 후, 비전을 선명하게 설정하고, 그 비전의 성취를 위해 지도자는 비전이 이루어진 것처럼 느끼고 기뻐하고 상상하고 믿어질 때까지 이루어질 때까지 이루어진 것처럼 확신을 갖고 행동해야 한다.

국가의 사명 선언문

"우리의 사명은 온 국민의 행복을 위하여 나라의 자원과 국가의 모든 역량을 다해 최선의 수고를 하는 것이다!"

핵심 가치

자유 민주주의, 가정 행복과 노인 공경, 청소년 비전

3) 국가 비전의 사례

덴마크는 유엔 행복 지수 조사에서 2012년, 2013년 연속으로 1위에 올랐다. 부패 지수는 세계에서 가장 낮고 언론 자유도는 가장 높은 나라다. 수도 코펜하겐에 맑은 해가 뜨는 날이 1년에 50일뿐이지만 지금은 세계 최고의 복지 국가로 꼽히고 있다. 덴마크가 처음부터 살기 좋은 나라는 아니었다. 1814년에는 전쟁에서 백기를 들면서 지금의 노르웨이 땅을 잃었고, 1864년에는 국토의 30%를 독일에 빼앗기는 수모를 겪었다.

이때 민족의 어두움을 어둠으로 보지 않고 여명의 시간으로 본 두 사람의 영웅이 나타났는데 새마을 운동의 모델 군인 대령 출신 엔리코 달가스 (1828~1894)와 덴마크 중흥의 아버지 그룬트비 (1783~1872) 목사다. 엔리코 달가스(Enrico Dalgas)는 1864년에 덴마크가 프로이센과의 전쟁에 지고 국민들이 실의에 빠져 있을 때, "밖에서 잃은 것을 안에서 찾자"고 국민들에게 용기를 불어넣으면서 황무지 개간에 앞장

하나님의 비전 이야기

섰다. 그의 열성에 감동한 국민들이 그와 함께 모래땅에 나무 심기를 거듭한 끝에 거친 국토는 푸른빛으로 바뀌었고, 이로써 덴마크 부흥의 기틀이 다져졌다.

니콜라이 그룬트비(1783~1872)는 덴마크 교육의 아버지로 불리는데, 목사·시인·정치가로 활동한 참교육 운동가였다. 그는 평등·자유 정신을 바탕으로 교육이 국가의 미래를 좌우한다고 생각했다. 그룬트비의 교육 철학은 1844년 자유 학교 폴케호이스콜레를 세우는 계기가 됐다. '민중의 대학'이라는 뜻의 자유 학교는 오늘날 덴마크 민주주의 교육 기관이 됐다.

좌절과 절망에 빠져 있는 덴마크 국민에게 교육으로 희망을 주어야 한다고 생각하고 민중을 위한 교육을 강조하였으며, 민중들의 삶과 교육이 하나가 되어야 한다고 주장했다. 계층과 상관없이 모든 사람이 자유롭게 자신의 권리를 말할 수 있어야 한다고 생각했으며, 직접 애국심을 고취시키는 노래와 시를 작곡하며 아이들에게 가르치기도 했다. 그룬트비의 활동과 그의 사상을 교육에 접목시킨 국민의 노력으로 덴마크는 다시 일어설 수 있었고 현재 세계에서 가장 행복한 나라로 불리고 있다.

17세기 일본의 대권을 장악했던 도쿠가와 이에야스는 전국을 260개 번으로 나누어 봉건 체제를 구축하였다. 하나의 번은 한 나라였고 번주는 왕과 같은 존재였다. 주인공인 우에스기 요잔은 동북 지방의 가난한 번이었던 요네자와의 번주였다. 그는 양자로 들어가 17세에 번주가 되었는데 당시 요네자와 번은 경제가 파탄 지경에 이르러 번민들은 과중한 세금에 시달려 다른 곳으로 도망하는 자가 속출하였다. 중신들이 낸 대안이라고는 고작 중앙 정부에 번을 반납하고 신하들은 뿔뿔이 흩어지자는 정도였다. 요잔은 한겨울 추운 날, 번주로 가는 국경을 넘게 되었는데, 가마 안에는 불 꺼진 화로가 하나 있었다. 요잔은 식은 화로의 재를 바라보며 '요네자와 번이 이 재와 같구나, 이 죽어 버린 재와 같은 요네자와에 어떤 씨를 뿌린 들 자랄 수 있겠는가? 곧 죽어 버릴 것이다. 아! 나는 너무도 어려운 번에 왔다. 젊고 아무것도 모르는 데다가 경험도 없이 번정 개혁을 실행하려는 처지다. 어쩌면 개혁의 첫걸음도 내디디지 못하고 무너질 수도 있겠지' 이렇게 생각하면서 부젓가락으로 재 속을 휘저었는데 재 속에 작은 불씨 하나가 발견되었다. 그 불씨를 본 순간 그의 눈이 빛났다. 그의 상상력에 불이 붙기 시작하였다. 불 꺼진 번에 희망을 불러일으키는 불씨가 되어야겠다는 생각이 떠오르면서 그는 가마 모퉁이에 있는 숯 상자에서 숯을 꺼내어 불씨 위에 놓고 '후후' 불었다. 그러자 꺼질 것 같던 불씨의 불이 숯에 옮겨 붙기 시작하더니 얼마 후엔 숯 전체에 불이 일었다. 신하들은 가마 안에서 후후 하는 소리가 나니까 궁금하여 물었다. "번주님, 도대체 무엇을 하고 계십니까?" 가마를 세우고 요잔이 말하기를, "요네자와로 오는 도중 솔직히 절망했다. 그러나 재 속에서 불씨를 보는 순간 '바로 이거구나'라고 생각했다. 남은 불씨가 새로 불을 일으키고 그것이 또 새 불을 일으킨다. 이런 일이 이 나라에서 반복해 일어날 수는 없는가라는 생각을 했다. 그 불씨는 누구일까? 바로 여기 있는 너희들이다." 그러면서 요잔은 일행들에게 불씨를 나눠 주었다. 그 후 요잔은 다음의 다섯 가지 행동 원칙을 세웠다.

1. 있는 그대로의 정보를 모두 공유한다.
2. 구성원들 간의 토론을 활발히 전개한다.
3. 토론에서 합의된 합의를 존중한다.
4. 번민들의 삶의 현장을 중요시한다.
5. 모두들 사랑과 신뢰의 개념을 회복한다.

그리고 우에스기 요잔은 개혁 운동을 실천함에 앞서 참모들에게 지시했다. 개혁에 대한 사례들의 수집과 분석이었다. 앞서 개혁이 실패하게 된 원인들로 다음의 분석이 제시되었다.

1. 개혁의 목적이 잘 알려지지 않고 일방적으로 추진되었다.

2. 개혁의 추진자가 소수 일부의 사람들로 제한되었다.

3. 상위자들이 지시와 명령으로 일관하고 하급자들의 고통을 깊이 이해하지 못하였다.

4. 중농천상주의(重農賤商主義)를 채택하면서 국민들에게 근검 절약을 너무 강요하였다.

5. 인재 등용의 중요성을 인정하였지만, 바른말 하는 사람은 싫어하고, 듣기 좋게 말하는 사람들에게 둘러싸여, 방향은 옳았어도, 다수 국민들에게 비협조의 마음을 일으키게 하였다.

새로운 개혁의 노력을 한 지 얼마 지나지 않아 놀고먹던 무사와 그의 가족들이 먼저 일을 하기 시작했다. 개간을 하고 뽕나무와 누에를 키우고 실을 짜고 잉어를 기르게 되었다. 번주로부터 사농공상 모든 번민이 힘을 합쳐 근검절약하고 열심히 일을 하니 요네자와 번은 금방 부자 번이 되었다. 이웃 번의 가난한 사람들까지 요네자와 번으로 몰려들었다. 그러나 개혁은 쉽지 않았다. 가장 믿었던 부하가 부패하기도 하였고, 기득권 세력의 반발도 만만치 않았다. 그렇지만 인내하며 일을 추진한 결과 개혁은 성공하였다. 특히 모금 운동에 의한 교육 기관 설립으로 사농공상 자녀 모두가 동등하게 교육을 받게 된 것은 획기적인 변화였다. "백성을 위해 존재하는 번주여야 하고, 번주를 위해서 백성이 존재하면 안 된다."는 것이 요잔의 개혁 신념이었다. 그리고 자신이 살을 깎는 모범을 보였다. 요네자와 번을 에도 막부 최고의 번으로 탈바꿈시킨 그의 여러 정책들은 지금도 요네자와 관청에 붙어 있으며 일본 기업들의 기업 강령이 되고 있다고 한다. 비단잉어도 아직까지 보존되어 전해지고 있다. 미국의 케네디 대통령이 가장 존경하는 일본인으로 꼽은 사람이 바로 우에스기 요잔이었다는 말이 있다.

집안이 나쁘다고 탓하지 마라. 나는 몰락한 역적의 가문에서 태어나 가난 때문에 외갓집에서 자라났다. 머리가 나쁘다 말하지 마라. 나는 첫 시험에서 낙방하고 서른둘의 늦은 나이에 겨우 과거에 급제했다. 좋은 직위가 아니라고 불평하지 말라. 나는 14년 동안 변방 오지의 말단 수비 장교로 돌았다.

윗사람의 지시라 어쩔 수 없다고 말하지 말라. 나는 불의한 직속 상관들과의 불화로 몇 차례나 파면과 불이익을 받았다. 몸이 약하다고 고민하지 마라. 나는 평생 동안 고질적인 위장병과 전염병으로 고통받았다. 기회가 주어지지 않는다고 불평하지 말라. 나는 적군의 침입으로 나라가 위태로워진 후 마흔일곱에 제독이 되었다. 조직의 지원이 없다고 실망하지 말라. 나는 스스로 논밭을 갈아 군

자금을 만들었고 스물세 번 싸워 스물세 번 이겼다. 윗사람이 알아주지 않는다고 불만 갖지 말라. 나는 끊임없는 임금의 오해와 의심으로 모든 공을 뺏긴 채 옥살이를 해야 했다.

자본이 없다고 절망하지 말라. 나는 빈손으로 돌아온 전쟁터에서 열두 척의 낡은 배로 133척의 적을 막았다. 옳지 못한 방법으로 가족을 사랑한다 말하지 말라. 나는 스무 살의 아들을 적의 칼날에 잃었고 또 다른 아들들과 함께 전쟁터로 나섰다. 죽음을 두렵다고 말하지 말라. 나는 적들이 물러가는 마지막 전투에서 스스로 죽음을 택했다.

이순신 장군 어록

부록 2. 비전 학교 운영안

1) 운영 지침

처음 만날 때, 반갑게 인사하고 칭찬과 사랑으로 격려한다.

1. 비전 학교는 연령이나 직업 혹은 비슷한 환경을 가진 사람들이 함께 모인다.
2. 비전 학교는 정한 시간에 정한 장소에서 주 1회 이상 모인다.
3. 비전 학교는 리더나 멘토가 이끌어 가야 한다.
4. 비전을 나누고, 정보를 공유한다.
   도움이 필요한 부분을 나누고 도와준다.
5. 한 주간 동안 각자 실천할 것을 나누고, 다음 모임에서 그 결과를 이야기한다.

2) 리더 참고 자료

① 유아(맘) 비전 학교

자존감 계발 전문가 미아 퇴르블름은 '자기 긍정 파워'에서 '자존감이 낮으면 자신의 소중함을 깨달을 수 없고 주변에 누가 있느냐에 따라 자신의 가치가 달라지기 때문에 언제나 한결같이 자신을 존중할 수 없게 된다고 하였다. 이토록 중요한 자존감이 8세 이전에 형성된다고 하는데, 미국의 심리학자 하터는 5~8세 사이에 자존감이 뚜렷하게 자리 잡는다고 주장하였다. 물론 8세 이후에도 변화를 하지만 8세 이전에 자존감이 튼튼하게 형성되는 것이 큰 영향을 미치는 것이다.

② 기타 비전 학교

청소년, 주부, 직장인, 사업가, 예술가, 전문인 실버 등 다양하게 비전 학교를 운영할 수 있다. 우리나라 속담에 말 한 마디에 천 냥 빚을 갚는다고 했는데 비전 학교를 통해서 서로의 자신감과 자존감을 세워 주고 용기를 주고 사랑과 격려를 해 주면 놀라운 효과를 체험하게 된다. 10명의 사람이 기쁨을 나누면, 열 배가 되고, 슬픔을 나누면 1/10로 줄어들게 된다.

하나님의 비전 이야기

③ 지능의 문제

성공하려면 지능 지수(IQ)는 어느 정도여야 하는가? 영재 교육의 대가로 존경받는 코네티컷대학 렌줄리(Joseph S.Renzulli) 박사는 지능 지수가 중상 정도면 된다고 한다. 스탠포드 대학의 연구에 의하면 사람은 배우는 것의 89%는 보고 배운다고 하였다. 10%는 듣고 배우며, 나머지 1%만 감각으로 느끼고 배운다는 것이다. 비전은 바라봄으로 발견하고 깨닫게 된다.

"비전은 인간을 가장 특별하게 재창조하는 위대한 영향력이다"

④ 어린이 비전 학교 운영안

어린이 비전 학교는 어린이들에게 꿈과 희망을 심어 주고, 자존감을 높이고 자신감을 넣어 주는 비전 교육을 한다.

인물의 크기와 꿈의 크기는 비례한다. 교육은 미래를 향한 투자다. 교육학적으로 검증된 가장 좋은 투자는 스스로 열심히 노력하도록 원동력을 갖게 해 주는 것이다. 대표적인 것이 인생의 선명한 비전과 분명한 목표를 가지도록 하는 것, 자신감과 자존감을 갖게 하는 것, 긍정적인 태도와

올바른 가치관을 확립하도록 하는 것 등이다. 사람들을 노력하게 만드는 동력들이 있다. 사람은 태어날 때, 서로 다른 능력과 재능을 가지고 태어난다. 예일 대학에서 미국 최초로 실험 심리학을 창시한 조지 래드 박사에 의하면 사람은 각자 세상에 태어날 때, 서로 다른 기본 능력, 재능 또는 은사를 갖고 태어나는데 그중 90%는 개발을 못 하고 죽는다고 한다. 그 이유는 다른 사람들과 의식적 또는 무의식적으로 비교하는 열등감 때문이라는 것이다. 열등감이 커지면 자존감과 자신감은 작아진다. 열등감이 극대화되면 자존감은 최소화되어 자취를 감추고 다음 단계로 넘어가면 낙심하고 절망하게 되고 마지막 단계에 이르면 자포자기가 되고 만다. 어린이들이 어릴 때, 비전을 만나 그 비전을 따라 살므로 세상에 커다란 영향을 주는 것을 볼 수 있다.

한 예로 150년 전에 6살, 10살의 라이트 형제가 하늘을 날아 보겠다는 비전을 갖고 노력한 그 결과로 오늘날 인류는 화성을 탐사하고 있다.

하나님의 비전 이야기

1. 어린이 비전 학교 운영 지침

1) 정한 시간에 정한 장소에서 주 1회 이상 모인다. 1회 모임 시간은 90분으로 하되 리더가 융통성 있게 한다.

2) 한 주간 동안 각자 실천한 것과 읽은 도서 내용을 나눈다(5분). 회원들의 발표 후, 전체적으로 피드백을 나눈다.

3) 커리큘럼에 의한 과제를 공부한다.

모임 뒤에 소감문을 작성하고, 한 주간 동안 할 과제를 발표한다.

3) 13주 커리큘럼

13주 동안 명작 동화 65권(한 주에 5권)을 읽게 하고 일기 형식으로 독후감을 쓰게 한다. 월 1회 시상식(최다 독서자와 우수 독후감자)을 학부형 참석하에 하고, 분기별로 학부형들과 비전 트립과 체험단을 한다.

명작도서 목록 65권

1	커다란 순무	2	늑대와 일곱 마리 아기 염소
3	빨간 암	4	벌거벗은 임금님
5	여섯 마리 눈먼 두더지	6	헨젤과 그레텔
7	북풍이 준 선물	8	털장갑
9	개미와 베짱이	10	금발 머리와 곰 세 마리
11	생강 과자 아이	12	아기 돼지 삼 형제
13	어리석은 소원	14	게으름뱅이 잭
15	시골 쥐와 도시 쥐	16	황금 거위
17	용감한 꼬마 재봉사	18	파랑새
19	정글북	20	닐스의 이상한 모험
21	춤추는 열두 공주	22	미운 아기 오리
23	빨간 모자	24	어부와 욕심 많은 아내
25	피리 부는 사나이	26	톰팃톳
27	홀레 할머니	28	엄지 공주
29	춤추는 빨간 구두	30	미녀와 야수
31	새들의 왕 뽑기	32	거인의 정원
33	완두콩 공주	34	구두장이와 꼬마 요정
35	브레멘 음악대	36	성냥팔이 소녀
37	신데렐라	38	개구리 왕자
39	백설공주	40	라푼젤
41	돌멩이 수프	42	황새가 된 임금님

하나님의 비전 이야기

43	알리바바와 40명의 도둑	44	오즈의 마법사
45	플랜더스의 개	46	피노키오
47	어린 왕자	48	이상한 나라의 앨리스
49	왕자와 거지	50	크리스마스 캐럴
51	눈의 여왕	52	피터 팬
53	아나스타샤 공주는 나야!	54	잭과 콩나무
55	장화신은 고양이	56	백조 왕자
57	백장미와 홍장미	58	장난감 병정
59	행복한 왕자	60	인어 공주
61	백조의 호수	62	알라딘과 요술램프
63	호두까기 인형	64	걸리버 여행기
65	잠자는 숲속의 공주		

13주 커리큘럼 자료

첫째 주

인사 및 자기 소개와 꿈 발표

한비연과 백만 비전 학교 소개

한비연 영상

♣ 과제: 다음 주제 도서 읽고 독후감 준비

둘째 주

1. 생각이 왜 중요한지 이야기해 보라

2. 나의 생각이 바른지, 혹은 그른지에 대해 이야기해 보라

3. 강의 why, what, how

생각의 중요성. 무엇인가, 어떻게 바꾸나?

셋째 주

1. 강의 why, what, how

생각의 중요성. 무엇인가, 어떻게 바꾸나?

넷째 주

1. 정체성이 왜 중요한가

2. 정체성은 무엇인가

♣ 과제: 다음 주제 도서 읽고 독후감 준비

다섯째 주

3. 사람의 정체성

   1) 나는 보물이다

   2) 나는 하나이면서 둘이다

   3) 나를 용서하고 사랑하라

   4) 나와 너의 관계

♣ 과제: 다음 주제 도서 읽고 독후감 준비

여섯째 주

1. 비전이란 무엇인가

2. 비전의 역할

   1) 비전은 자기의 삶을 살게 한다

   2) 비전은 올바른 방향으로 가게 한다

   3) 비전은 큰 그림을 보게 한다

   4) 비전은 미래의 청사진을 보게 한다

♣ 과제: 다음 주제 도서 읽고 독후감 준비

일곱째 주

3. 비전의 영향력

    1) 비전은 나를 변화시킨다

    2) 비전은 다른 사람을 움직인다

    3) 비전은 세상을 변화시킨다

♧ 과제: 다음 주제 도서 읽고 독후감 준비

여덟째 주: 비전의 발견

1. 가치관과 가치관의 종류

2. 비전 발견의 종류

    1) 환경을 통해서 발견한다

    2) 사람을 통해서 발견한다

    3) 꿈을 통해서 발견한다

    4) 사건을 통해서 발견한다

    5) 책이나 영화를 통해서 발견한다

    6) 본능과 직감으로 발견한다

    7) 점검표를 사용하여 발견한다

♧ 과제: 다음 주제 도서 읽고 독후감 준비

하나님의 비전 이야기

아홉째 주

자기 비전 발견하기

♣ 과제: 다음 주제 도서 읽고 독후감 준비

열째 주: 비전의 성취

1. 세 가지 자원

　　1) 시간

　　2) 생각

　　3) 자유의지

♣ 과제: 다음 주제 도서 읽고 독후감 준비

열한 번째 주: 비전의 성취

1. 계획 수립과 문서화

2. 집중 반복

3. 평가와 조정

♣ 과제: 다음 주제 도서 읽고 독후감 준비

열두 번째 주: 사명 선언문

사명 선언문 완성

♣ 과제: 다음 주제 도서 읽고 독후감 준비

열세 번째 주: 종강 파티

전체 피드백과 시상 (학부형 동참)

이후는 비전 성취반에 참여하여 지속적인 만남을 갖고 피드백을 나누고 비전의 인물을 초대하거나 방문하여 비전의 이야기를 듣고 비전 성취에 도움을 받는다.

하나님의 비전 이야기

감사의 글

필자의 실력이나 능력으로는 이 책을 쓸 수 없다는 것을 누구보다 잘 안다. 이 책은 필자가 뇌경색으로 병원에 입원해서 쓴 것이다. 이 책이 나오기까지 항상 도와주고 격려해 준 아내에게 감사의 마음을 전하고 또한 끊임없이 동기부여와 도전의 마음을 준 한국비전연구소 김주영 기획실장에게 고마움을 전하고 싶다. 무엇보다 몇 번이나 죽음의 고비를 넘기고 생명을 살려 주신 나의 영원하신 우리 하나님께 영광을 드린다.

참고 도서

- 마틴 부버(1977), 표재명 역, 나와 너, 문예출판사
- 드와이트 에드워드(2001), 이승진 역, 내면의 혁명, 좋은 씨앗
- 아놀드 베넷(2008), 서재영 역, 시간관리론, 리베르
- 데일 카네기(2007), 강성복 정택진 역, 인간관계론, 리베르
- 데일 카네기(2007), 강성복 권오열 역, 성공대화론, 리베르
- 벤 카슨(1994), 박인규 역, 크게 생각하라, 도서출판 알뜰기획
- 송길원(2000), 행복은 전염성이 강하다, 가족사랑
- 황금찬(2001), 우주는 내 마음에 있다, 모아드림
- 브루스 윌킨슨(2004), 마영례 역, 꿈을 주시는 분, 도서출판 디모데
- 김성완(2013), 1% 호기심 꿈을 쏘는 힘, korea.com
- 최성찬(2012), 꿈은 스스로 길을 만든다, korea.com
- 딕 디보스(1998), 김영철 역, 불멸의 가치관, 아름다운사회
- 나와 세상을 비꾸는 비전이야기(2020), 김성욱, 하움출판사
- 존 멕스웰(2010), 홍성화 역, 리더십 불변의 법칙, 비즈니스북스
- 로리 베스 존스(2002), 송경근 역, 기적의 사명선언문, 한. 언
- 이원숙(1990), 너의 꿈을 펼쳐라, 김영사
- 데일 카네기(2010), 베스트트랜스 역, 성공대화론, 더 클래식
- 섀클턴(2003), 인듀어런스, 뜨인돌

- 조던 B 피터슨(2018), 강주헌 역, 인생의 12가지 법칙, 메이븐
- 류비세프(2004), 이상원 조금선 역, 시간을 정복한 사나이, 황소자리
- 켄 블랜차드 스펜서 존슨(2003), 조천제 역, 1분 경영, 21세기북스
- 켄 블랜차드(2002), 조천제 역, 칭찬은 고래도 춤추게 한다, 21세기북스
- 켄 블랜차드, 셀든 보울즈(2016), 조천제 역, 하이 파이브, 21세기북스
- 죽음의 수용소에서 빅터프랭클(2002), 이시형(옮긴이), 청아출판사

비전의 사람은 실패하는 일이 있어도
절대 포기하지 않는다!

♠ 영국에서 온 메일

존경하는 김성욱 소장님께,
그동안 평안하시지요? 2년 전에 아내와 딸 지아가
한국에 가서 비전에 대한 설명을 듣고 많은 도전을
받았고 딸이 영국에 돌아와 '비전'을 가지고 열심히
공부해 케임브리지 대학을 비롯해 영국에서 최고의
대학들로부터 입학 허가를 받아 놓은 상태입니다.
비전의 사역을 통해 많은 청소년들이 비전을 갖고
의미 있는 삶을 살 수 있기를 바랍니다.

감사를 드리며, 2011/4/19, 영국에서 정상기 올림

하나님의 비전 이야기